ちくま新書

漢語の謎

——日本語と中国語のあいだ

荒川清秀
Arakawa Kiyohide

1478

漢語の謎——日本語と中国語のあいだ【目次】

第五章 「空気」は日中双方でつくられた？――成り立ちに謎がある漢語 197

序章

漢語の日中往来

1　漢語とは何か

†漢字で書かれている＝漢語ではない

わたしたちは日本語という「ことばの海」の中で生きている。この海には漢語、和語、混種語、外来語などという種類の異なることばが存在する。このうち、本書の主役である「漢語」は、海の半分以上という大きな比重を占めている。本来の日本語である和語や外来語も由来がわからないものが少なくないが、とりわけ漢語は漢字とともに、中国から伝わったものが多く、よく考えると意味や由来のわからないものが多数存在する。本書はその「漢語の謎」を解き明かそうというものであるが、まず、漢語について少し説明しておきたい。

漢字はわかっても、漢語はわからないという人もいるかもしれない。「漢語」は一般に「漢字の熟語」といわれるが、厳密にいうと、漢字を「音読《おん》み」した語である。なぜ「音読み」かというと、もともと中国からきたものだからである。そのため漢語は、漢字の中国での読みを、日本人の耳で聞いて、日本式に取り入れた「音読み」で読まれたものでなければならない。漢字でも和語として読む「訓読み」をすると、漢語ではなくなるのである。

「入口」を例に説明してみよう。「入口」は一般に「いりぐち」と読むが、そう読む限りこれを漢語とはいわない。なぜなら、この場合、「いり」と「ぐち（くち）」という読み方はそれぞれの漢字の「訓（読み）」と呼ばれるものであるが、訓とは漢字を和語に訳して読むということだからだ。これはdogという英単語を「いぬ」、catという英単語を「ねこ」と読むのと同じことである。「口」という漢字を見たとき、昔の日本人は、これは「くち」のことだと思った。それで「口」を「くち」と読むようになった。そうして漢字を和語＝「訓」に訳して読んでいるので、「口（くち）」は「漢」語ではないのである。

「入口」の「入」は「いり（いる）」と読むが、これは「郷に入《い》りては郷にしたがえ」というときの「入り」で、古い日本語の読み方である。つまり、「入口」は、古い日本語の「いる」と「くち」が合わさり「いりぐち」となったもの、和語なのである。

もし、「入口」を漢語として読むと、「にゅうこう」と読まなくてはいけない。これは先ほども述べたように「音読み」である。しかし、日本人は決して「入口」を「にゅうこう」とは読まない。したがって、「入口」は永遠に和語であって、漢語ではないのである。

ところが、この「いりぐち」は中国語でも〝入口〟という（以下、特に中国語であることを強調するときは〝　〟をつける）。もちろん、読み方は違うが、漢字表記は同じである。このようなものを本書では「日中同形語」と呼ぶ。

「日中同形語」は音読みのもの、つまり漢語と中国語だけを扱うべきだという論もある。しかし、日中のことばの往来を考えると、訓読みするが中国語にも存在する語も「日中同形語」の周辺として扱わざるをえなくなる。本書では「入口」「出口」のほか、「広場」「手続」「場合」を例に挙げたし、それ以外にも「恋人」「星空」などがある。それぞれ音《おん》で読めば、「にゅうこう」「しゅっこう」「こうじょう」「しゅぞく」「じょうごう」「れんじん」「せいくう」である。これらは、耳で聞いてはわからない。ところが「いりぐち、でぐち……」となると子どもでもわかる。訓読みした「こいびと」「ほしぞら」は子どもでもしっているが、中国語の〝恋人〟〝星空〟は硬いことば、書きことばである。

漢語が使われる地域

本書は日本と中国の間の「漢語」の意味の違い、その往来について述べる一冊だが、漢語は他の国でも使われている。韓国とベトナム、いわゆる漢字文化圏と呼ばれる国々である。これらの国は現在韓国ではハングルが、ベトナムではクオック・グー＝国語という表音文字が使われているので、一見、漢語とは関係がないように見える。

しかし、韓国を例にとれば、語彙の半分は漢語だといわれる。たとえば、

時間（シガン）　電話（チョナ）　大学（テーハッ）
経済（キョンジェ）　銀行（ウネン）　安心（アンシム）
政治（チョンチ）　入口（イブッ）　簡単（カンダン）

は韓国で使われている漢語であるが、このうち、「簡単（カンダン）」は三つ目の音が濁っ

ているのを除けば日本語の「カンタン」と同じだし、「安心（アンシム）」は最後のムの音をンにすれば日本語と同じになる。

また、「時間（シガン）」は日本語と音が似ているし、「政治（チョンチ）」は中国語の音とそっくりだ。一字の漢字では、「山（サン）」「新（シン）」「薬（ヤッ／ヤク）」のように日本語と音が似ているものもあれば、「東（トン）」「不（プ）」「洋（ヤン）」のように中国語の音と似ているものもある。したがって、韓国語は、中国語を勉強した日本人が勉強するにも共通点がたくさんあって有利な言語なのである（『漢字で覚えるしっぽをつかむ韓国語』『中日韓共用漢字詞典』）。

日本と韓国の間には、「銀行」「汽車」「自動車」「地下鉄」「百貨店」「旅行」「旅館」「地図」「地震」など、挙げればきりがないほど共通の漢語が存在する。そのため韓国の人々は、一九四五年に日本が戦争で負けたあと、日本語の残滓《ざんし》を払拭しようと、ことばの言い換えをしたりした。しかし、それをすべてやっていたら、韓国語そのものが話せなくなってしまう（鄭大均『韓国のナショナリズム』）。

日本語はもちろん、韓国語、またベトナム語でも、中国語由来の語（漢語）がなければ、ことばによるコミュニケーションは成り立たないのである。

†日中韓の語彙交流

さらに特筆すべきは、日中だけでなく、日中韓でも語彙の交流があったことである。たとえば、「電話」は日本でできた漢語であるが、これが中国でも韓国でも使われている。わたしは二〇〇六年に韓国のソウル大学で開かれた日中韓の近代漢語研究会で発表したとき、「電話」の語源を取り上げたが、それは日中韓で共通であるということを意識してのことであった。

ただ、この場合、どんなふうに伝わったのかが問題になる。たとえば、中国では「電話」が伝わる前は「徳律風（ドーリュイフォン）」とか「得律風」とかが使われていた。これらはtelephoneの音訳語である。そして、この音訳語は意外と長く中国では使われていて、「電話」はなかなか中国語の中へ入っていかなかった（荒川二〇一八a）。一方、韓国へは日本から直接伝わっていった可能性が高いが、中国から伝わったという考えも否定できない。

アメリカは日本では「米国」、中国では〝美国〟と呼ばれる。これらはどちらも、もとは中国で生まれたことばである。そして、韓国では現在「美国」が使われている。つまり、この場合は中国から韓国というルートが存在するのである。同様に、「父母（日本語の「親」）」「郵票（日本語の「切手」）」「上衣（日本語の上着）」なども、中国から韓国へわたった漢語である。

三国共通の漢語でありながら、意味が国で異なるものもある。たとえば「工夫」は、韓国語では「勉強する」、中国語では「ひま、努力」、日本語では「くふう」と、意味が異なる。

なお、韓国以外で漢字の影響を受けたのはベトナムである。岩槻純一氏によれば、ベトナム語の七割は漢語起源であるという（「近代ベトナムにおける「漢字」の問題」）。あいさつ語でいえば、

ありがとう　Cảm ơn（感恩）　カーム　オン
さようなら　Tạm biệt（暫別）　タム　ビエッ

などは、現代中国語とは異なるが、漢字語であることがわかる。

2　日中同形語の謎

†日中同形語とは何か

先にも少しふれたように、日本語と中国語には、漢字表記を共通にする語（日中同形語）が大量に存在する。たとえば、古く中国から伝わったものでは「肉」「（お）茶」「梅」「蜜」「豆腐」「菊」「竹」「牡丹」「葡萄」「馬」「獅子」「駱駝」「金」「銀」「銅」「鉄」などがそうである（藤堂一九六九）。したがって、これらを「外来語」と呼ぶ人もいるが、現在では本来の日本語と区別がつかなくなっているので、外来語の範疇には入れない。近代では、「文化」「文明」「経済」「社会」「自由」「義務」「権利」「哲学」「電池」「電気」「電話」「電信」「科学」「化学」等々も日中共通のことばである。

さて、このように日中双方の長い交流の中でつくられた同形語であるが、そのことばの出来方は一様ではない。その作られ方には時代や人の往来などさまざまな要因が働いている。とりわけ近代にできたものでは、いったい日本と中国のどちらでできたものかよくわからないものもある。なぜこんなことばがつくられたのか。どうやってつくられたのかという謎が多いのである。本書は、その謎を解こうとするものである。

†ことばの往来パターン

本題に入る前に、ここでは見取り図として、ことばの往来のいくつかのパターンを概観しておきたい。

明治まで、日本語はもっぱら中国語からことばを取り入れる一方であった。**①中国→日本**という流れである。漢字・漢語はもともと中国のものなのだから、これは当然のことといえるだろう。

一方、日本でも独自に漢語がつくられた。「大根」「出張」「心配」等がそうである。また、江戸の鎖国時期にあっても、医学、化学、物理学の分野を中心にオランダ語の文献を日本語に翻訳したが、その際に「十二指腸」「酸素」「重力」等、漢語がたくさんつくられた。もっとも、この時代につくられた漢語は中国語の中へ入っていくことはほとんどなかった。

しかし、明治維新以後の日本でつくられた「政治」「社会」「経済」「文明」「文化」等の近代につくられたことば——「近代用語」は、日清戦争後（一八九五）、清国からの留学生、外交官、亡命知識人らにより中国語の中に入っていった。これは、②日本→中国という流れである。なお、ここでいう「近代」とは封建制を抜けて資本制へ向かう、主として明治維新以後のことをいう。

②のように日本語から大量の語彙が中国語の中へ入っていったというのは、一般にはあまりしられていないことではないだろうか。あるいは、中国人からすれば、それまで中国から学ぶ一方であった日本人が、自ら近代用語をつくり、それが中国語の中へ入っていったということは急には信じがたいことかもしれない。しかし、それは否定できない事実である。

それとともに、ここ三十年来の日中の研究でわかってきたことは、日本人がつくったと思われていたことばが、実は必ずしもそうではなかったという事実である。

考えてみれば、日本の開国が一八五四年（日米和親条約）であるのに対し、中国がイギリスによって「開国」させられたのはアヘン戦争後の一八四二年（南京条約）のことであった。一二年もの差があるのである。さらに、明や清の鎖国政策（海禁）はゆるいものであったので、マカオや広州では貿易も行われ、西洋人もやってきていた。日本より中国の方が先に西洋の波をかぶっていたわけである。

その最初の波は明末、反宗教改革運動の一環であるカトリックのイエズス会の東洋布教である。国でいえばポルトガル、スペインで、かれらは中国だけでなく日本へもやってきた。鉄砲伝来が一五四三年、キリスト教伝来が一五四九年であるのはご存知だろう(わたしは「ひごよみ(一五四三)めくる種子島」「いごよく(一五四九)広まるキリスト教」とこの年を覚えている)。そして清末になると、こうしたカトリック諸国は衰え、それに代わって台頭してきたのがオランダ、イギリスなどのプロテスタント諸国であった。

明末から清、中華民国初期にかけ中国にやってきたカトリック、プロテスタントの宣教師たちの本来の目的はキリスト教布教であったが、かれらは中国人の歓心と信頼を得るため、宗教書だけでなく、当時の最高レベルの地理書、科学書等を中国語に翻訳した。これらの翻訳書はもちろんかれらだけでできたのではなく、中国知識人の協力のもとにつくられた。

こうした書物(漢訳洋書)は鎖国下、あるいは開国後の日本にも伝わり、その中のことばが日本語として定着したあと、さらに日清戦争後に中国語の中へ入っていくということがあった。すなわち、③中国→日本→中国という流れである。この中には、「洗礼」「天使」「基督」等のキリスト教用語や「地球」「赤道」「熱帯」といった世界地理に関することば、それに「化学」「電池」「貿易風」「銀行」といったことばが含まれている。このように、日本と中国の間で、漢語はさまざまな経路で往来してきた。

なお、最後に付け加えておくと、②日本↓中国ということばの流れは、日清戦争以前においても、小さなものではあったが、存在したということがわかっている。たとえば、ペリー来航時（一八五三）に日本側通訳であった堀達之助と、和親条約の批准書の締結時（一八五五）に通訳として来日した、ドイツ人宣教医ロプシャイトとの交流を通した訳語の借用である。

堀達之助は日本で最初の本格的な辞書『英和対訳袖珍《しゆうちん》辞書』（一八六二）を編集し、ロプシャイトは中国の洋学（中国では「西学」という）の集大成的辞書『英華字典』（一八六六―六九）を編集する。その堀より後に出たロプシャイトの辞書に堀の辞書と共通の漢語がいくつか存在するのである（たとえば「半島」）。これはロプシャイトが独自に堀と同じ漢語をつくったとも考えられるが、那須雅之（愛知大学）の研究で、ロプシャイトが堀の辞書を参照したことがわかっている。つまり、日清戦争以前にも、日本語↓中国語という細い流れが存在したのである。

†全体の構成

本書では、以上のことを踏まえ、各章で以下のような内容をお話しする。

第一章では、わたしたちの身近にあって、ふだん気にかけていないが、よく考えると不思議なことばをいくつかとりあげたい。すなわち、「盆地」「電池」「銀行」「割礼」「租界」である。これらのことばに使われている「盆」「池」「行」「割」「租」はいったいどういう意味なのか。「電池」がなぜ「地」ではなく「池」という字を使っているのか、疑問に思った人はいないだろうか。「銀行」の「行」とはなにか等々もわかりにくい。

第二章では、日本でつくられ中国へ渡っていった漢語を中心に考えてみたい。すなわち、「文明」「文化」「義務」のつくられ方と、中国語での変化である。また、「調査」「化石」「結晶」が日本でどのようにしてつくられたか、あるいは語となったかを考える。たとえば「化石」は「石に（変）化する」というフレーズ（句）であり、「化した石」という単語ではない。それでは意味をなさない。ところが「化石」は現在一種の石、つまり単語として理解されている。

さらに「手続」「場合」「取締」等、和語（「てつづき」「ばあい」「とりしまり」）をそのまま中国語で読んだことばがなぜ中国語の中で定着したかも考えてみたい。

第三章では、日本で漢語がつくられるときの原理のようなものを三点に分けてお話しする。

その一つは、江戸オランダ学の特徴である逐語訳（calque）による翻訳で、ここでは「半島」ということばを例に取り上げる。

二つ目は、日本語で考え、それを「音《おん》（音読み）」にしてことばをつくるという方法で、ここでは「回帰線」という地理学用語を取り上げる。「回帰線」の「回帰」はいかにしてつくられたのだろうか。

三つ目は語順の逆転によるつくられ方で、「健康」をとりあげる。「健康」がそれまであった中国語の「康健」を逆にして成立したという話である。ここには、中国語の「声調（高低アクセント）」の問題がからんでいる。

第四章では、中国で漢語がつくられるときのメカニズムについて考えてみたい。取り上げる最初の例は「熱帯」である。「熱帯」は、わたしが日中同形語がいかにしてつくられたかを歴史的に考えるきっかけとなった語である。というのは、中国の代表的外来語辞典――『漢語外来詞詞典』（一九八四）には、「熱帯」は日本製の漢語とあったのである。しかし、わたしは日本人なら「暑い地帯」なら「暑帯」になるのがふつうで、「熱帯」となったのは、気候の暑さにも〝熱〟を使う中国語においてではないかという仮説を立て、それを証明しようとしたのである（『近代日中学術用語の形成と伝播』）。

さらに、「貿易風」を〝信風〟と訳したり、「海流」を〝洋流〟と訳したりする語（字）の選択の問題についてもふれる。日本と中国は同じく漢字を使っていても、漢字の意味には違いがあり、それがことばづくり（造語）にも反映していることを証明しようとしたのである。

また、この章では、同時に中国人による「形象的な造語法」を取り上げる。これは先に挙げた日本のオランダ学の逐語訳との大きな違いである。たとえば、日本人は「半分の島」というオランダ語原文から「半島」をつくったが、中国人は「半島」を〝土股〟（土もも）とか〝土臂〟（土の腕）と訳したり、「酸素」を〝養気〟（人を養う気）などと訳した。通俗的でわかりやすい造語法である。

一般に、近代にできた漢語というのは、日中どちらかでできて、どちらかに伝わったものがほとんどである。しかし、中には双方で別々に同じ語ができたとか、どちらでできたかはっきりと言い難いものもいくつか存在する。第五章ではそういう漢語について考えてみたい。すなわち、「空気」「病院／医院」「〇門」（「幽門」「噴門」等）「広場」「出口／入口」等である。

また、各章の終わりに、「日中同形語の窓」というコラムを付した。これは、日中同形語といわれるとき、しばしば話題になる語を集めたものである。ただし、ここでは単にどう違うかというだけでなく、よりつっこんだ検討をし、新たな知見も盛り込んだつもりである。

※なお、本書掲載の書籍の画像で出典の明記がないものはすべて著者架蔵である。

【日中同形語の窓①】　手紙

なぜ〝手紙〟がトイレットペーパーになるのか

中国語は漢字を使っているから楽だろうと思って勉強しはじめたのに、意外と同じ漢字なのに日中で意味の違うことばに出会うことがある。その一つに〝手紙〟がある。中国語では〝手紙〟はトイレットペーパーという意味である。同じ漢字を使っているのにどうしてそんな違いが生じたのだろう。とても不思議だ。

まず、日本語の「手紙」から考えてみよう。それはいつ、どうやってできたのか。日本語の語源を調べるのに、最も便利な辞書は小学館の『日本国語大辞典（第二版）』全一三巻である。一三巻もあるから、一般の家庭で置いているところはまれだろう。作家の井上ひさしはこの辞書をこの上なく愛用し、一日に最低一〇回は引いていたそうだ。また、日本語学者の今野真二氏はこの辞書を二度も通読したという（『『日本国語大辞典』をよむ』）。わたしも研究室に置いて、毎日のように引いている。

この辞書で「手紙」を引くと、その起源は近世初期と出ている。つまり、江戸時代初期のことである。それほど古くない。その語源についていうと、もとは贈り物に添えられた簡略な書きつけであったらしい。

では、それまで「手紙」が日本でなんと呼ばれていたか。それは「文《ふみ》」である。「恋文《こいぶみ》」ということばは今も生きているが、その「ふみ」である。明治期でも「恋文」といわずとも、「ふみ」だけで「こいぶみ」の意味だったのである。

中国語の辞典で『日本国語大辞典』に匹敵するものには、中国で出た『漢語大詞典』一二巻のほか、日本の諸橋轍次《もろはしてつじ》が編んだ『諸橋大漢和辞典』一二巻がある。しかし、これらは初出を含め多くの例は載せていても、その由来についてはあまり語ってくれない。一方、現代中国語の権威的辞書である『現代漢語詞典』(第七版、二〇一六)には、以下のような解釈が出ている。

〝手紙〟解手時使用的紙(〝解手〟[=大小便をする]時使う紙、傍点は荒川による)

わたしはこの『現代漢語詞典』の解釈を採りたい。それはともかく、現在ではトイレットペーパーは〝衛生紙〟というのがふつうである。このことばがもともと意外な意味であったことについてはこの後に述べる。

かつて〝衛生紙〟はトイレットペーパーではなかった!

今から五〇年近くも昔、青春時代を北京で過ごした西園寺《さいおんじ》一晃《かずてる》氏(西園寺公望の曾孫)は父の公一《きんかず》氏について北京へ渡ったころ、中国語がわからず中国人のクラスメートたちとは筆談でコミュニケーションをとっていた。一晃氏は日本にもたくさん友人がいて、時々手紙をもらう。そこで紙に「日本之学友時時来手紙（日本の学友が時々「手紙」をよこす）」と書いたところ、学友たちから怪訝な顔をされた。家に帰って通訳の人に聞いてみたところ、〝手紙〟が現代中国語では「トイレットペーパー」のことだとわかってみんなで大笑いしたという（『青春の北京』）。わたしは昔この部分を読んだとき、特に気にかけなかったが、今思うと西園寺氏の『青春の北京』（一九七一）が出た当時「トイレットペーパー」は〝衛生紙〟ではなく〝手紙〟というのがふつうだったのではあるまいか。

　というのは、中国で、その二年後の一九七三年に出た『現代漢語詞典』の「試用本」（意見徴収のための内部発行本）には、この〝衛生紙〟は「女性用の生理用ナプキン」としか書いていないのである。これに「トイレットペーパー」の意味が加えられるのは一九七九年版で、そこでは、「生理用ナプキン」の意味は〝手紙〟のつぎに置かれた。それは当時「トイレットペーパー」の意味が主だということである。そして、これは最新の第七版（二〇一六）でも同じで、二つの意味が並記されている。

トイレの〝手紙〟（上海）

現在、「女性用の生理用ナプキン」の方は〝衛生巾〟といって区別するが、この語が単独で辞書に採られるのは、なんと第五版（二〇〇五）になってからのことである。さらに、第七版になっても〝衛生紙〟に二つの意味が並記してあるので、使うのを不安に思う中国語学習者（特に男性）もいるが、現在でははっきり使い分けがなされている。安心して使ってよい。

逆にわたしは長い間、「トイレットペーパー」の意味の〝手紙〟を見たり聞いたりしたことがなかった。初めて耳にしたのは、わたしより二歳年下の同僚（一九五一年生まれ）がなにかの拍子に使った時である。目にしたのは、二〇一四年に上海から蘇州へタクシーを飛ばしたときで、途中のサービスエリアのトイレに、

免費提供手紙（無料でトイレットペーパーをさし上げます）

とあった（前頁写真参照）。ただ、現在人々がふつうに使うのは〝衛生紙〟の方で、〝手紙〟の方は古くさい感じがするようだ。

現代中国語で手紙は〝信〟という。〝信紙〟は「便箋」、〝信筒〟は「ポスト」――これは筒状のもので、四角いのなら〝信箱〟だ。古代中国では「手紙」は〝書〟といった。〝信〟

には五世紀ごろに「使者」の意味が生じ、そこから使者が届けるもの＝手紙という意味が生まれた（王力『漢語史稿』下、第四章）。現代日本語でも、「私信」「書信」のような熟語の中の「信」は手紙のことである。

第一章

「電池」になぜ「池」がつくのか?

――身近な用語の謎

1 「盆地」――日中で「盆」のイメージは違う

第一章では、わたしたちの身近にあって、ふだん気にかけていないが、よく考えると、日本人の感覚ではなぜこの漢字がと思ったり、逆に中国人にとっても不思議に思えることばを取り上げる。たとえば、「盆地」の「盆」とか、「電池」の「池」、「銀行」の「行」などである。まず、こうした漢字の謎について考えてみよう。

†「覆水盆に返らず」の「盆」とは?

「盆地」に「盆」という字が使われていることを、たいていの日本人は特に疑問に感じることはないだろう。日本語の「盆」は平たく丸いトレーのようなものである。盆地は、山や台地に囲まれた平らな土地を指すので、「盆」の字が使われているのは特に問題がないように感じられる。

しかし、中国語における〝盆〟は「覆水《ふくすい》盆に返らず」の「盆」である。「覆水盆に返らず」とは、「盆」をひっくり返して撒いた水が二度と元にもどらないように、一度離縁した妻との仲は元にもどらない、ということわざである。

昔、周王朝の建国の功臣、太公望《たいこうぼう》（呂尚）が貧乏であったとき、その妻は貧乏に耐えきれずかれの元を去って行った。ところが、太公望が偉くなるともどってきて復縁を迫った。太公望は「壺」に入った水を地面にこぼし、これを元にもどしたら復縁してやるといったという（宋『野客叢書』）。原文はこうである。

太公取一壺水傾於地

（太公望は壺一杯の水を手に取り、地面に撒いた）

この話はいろんな書物で形を変え語り継がれている。明の馮夢龍《ふうぼうりよう》の『古今小説』に載せる漢の朱買臣《しゆばいしん》の話だと、妻は朱が薪をとって生活の足しにし、書物を読んで将来の仕官に備えているのを迂遠《うえん》なことだと嘆き去って行く。やがて朱が漢の武帝に取り立てられると、自分が相手を見抜けなかったことを悔い、再婚した夫とともに朱のもとに行き、奴婢《ぬひ》にしてくれと許しを乞う。この時朱（買臣）がいったことばが、

買臣命取水一桶、潑於階下……若潑水可復収、則汝亦可復合
（買臣は桶一杯の水を手に取り、階下に撒かせ、〔そしていった〕もし撒いた水をもとに戻せるならお前をもう一度妻にしてやろう）

である。先には「壺」が、ここでは「桶」が出てくるが、「盆」は出てこない。では、日本語でいう「覆水盆に返らず」の「盆」はどこで入ったのか。

†「覆水盆に返らず」の「盆」はどこから

小学館の『日本国語大辞典』（第二版）を見ると、江戸の人情本や歌舞伎に「覆水再び盆に返らぬ」という例が挙がっている。とすると、これは日本で加わったものか。しかし、ひるがえって『諸橋大漢和辞典』を引いてみると、現代の故事成語辞典の先駆とされる清の翟灝《てきこう》の『通俗編』（巻三七）という本に、

公取盆水覆地、示其不能更収之意
（公は盆一杯の水を手に取り地面に撒いた。前妻に再び元にもどすことが不可能なことを示

したのである）

と、「盆」が出てくるのである。「盆に返る」の「盆」ももとは中国の書物に出ていたものであった。

この「盆」は現代中国語の〝盆〟がつくことばにつながる。たとえば、つぎの「〇盆」はなんだろう。

①花盆
②(洗) 臉盆
③飯盆
④澡盆

①の〝花盆〟とは「植木鉢」のこと。ここでは「〝盆〟＝鉢」となっている。②の〝(洗) 臉盆〟は「洗面器」。〝臉〟は顔のこと。「顔を洗うお盆」が洗面器である。③の〝飯盆〟は「ご飯やおかずを入れる洗面器に似た容器」。かつて中国の集団食堂では、これ

を持って並んだ。④の〝澡盆〟は「たらい」のようなもの。このように、どれも「真ん中がやや深くへこんだ容器」である。

そう考えると、先の「お盆の水をまく」という動作がリアルに浮かんでくるではないか。これが日本の平らな「お盆」では様にならない。さらに、中国語には〝傾盆大雨〟ということわざもある。これは「お〝盆〟をひっくり返したような大雨」という意味である。これも、これまで挙げた〝盆〟と同じものであることがわかる。

逆にいうと、中国語の〝盆〟の意味は一貫して同じなのに、日本語の「盆」は中国から伝わって以後、どこかで変化したことがわかる。しかし、それがいつかは『日本国語大辞典』を見てもわからない。じつは「嫁」ということばも、中国語では「嫁にやる、嫁ぐ」という意味はあるが、「嫁《よめ》」という名詞の意味はない。これも日本に伝わったあと変化したものである。

†「盆地」の「盆」は中国語の〝盆〟

この「盆」の意味は「盆地」ということばの語源をさぐることで、より明確になる。「盆地」の原語は英語の basin。bowl ほど深くはないが、それなりの深さのある容器のこ

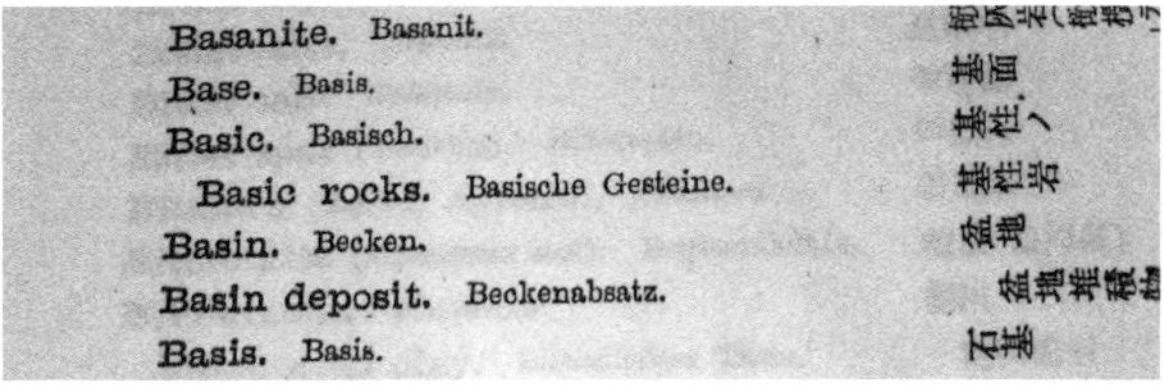

Basanite. Basanit.
Base. Basis. 基面
Basic. Basisch. 基性ノ
Basic rocks. Basische Gesteine. 基性岩
Basin. Becken. 盆地
Basin deposit. Beckenabsatz. 盆地堆積物
Basis. Basis. 石基

『地学字彙　英独和之部』「Basin 盆地」

とである。これが英語では地理学用語にも転用された。「盆地」とはbasin、つまり、それなりの深さのある容器のようなものだということである。

この「盆地」の語源を探ってみると、どうも日本人が先につくったようだ。明治二八年（一八九五）、当時の地理学者の一人、山上万次郎編による『地学字彙　英独和之部』（『地学雑誌』七－七五付録）に、「Basin 盆地」として出てくるのである（写真参照）。

では、山上はなにを根拠に「盆」という字を使ったのか。

そのヒントになる書物を二つあげたい。一つは、日本初の国語辞書、大槻文彦《おおつきふみひこ》の『言海』（一八八九－九一）で、これには「盆」は、

（一）ヒラカ、瓦器ノ平型ノモノ、鉢。
（二）今、専ラ、木製、方円の扁平ナル器。縁、浅シ。物ヲ載スル用トス。承盤。

とある。（二）は日本でいう「お盆」である。（一）の「ひらか」は平たい皿。つぎの「瓦器ノ平型ノモノ」も似たようなものである。中国語の〝盆〟に近いのは最後の「鉢」である。

また、明治初期の日本でよく利用され、後続の辞書にも影響を与えた英和辞書の一つ、柴田昌吉・子安峻編『附音挿図　英和字彙』の初版（日就社、明治六（一八七三））には、以下のようにある。なお、「天秤盤」の↓は、第二版（再版）にある振り仮名。

basin　盆（ボン）　盂（ハチ）　瓯（カメ）　澡盆　池（イケ）
入船所（フナイレバ）　圓谷（マルキタニ）
天秤盤（ハカリザラ↓テンビンサラ）

このうち、傍線を引いた「盆」と「澡盆」（たらい）は第二版で増補されたものである。この辞書に載っている訳語は、そのほとんどが比較的底の深い容器である。

『附音挿図　英和字彙』（初版は明治六年）は、あとでも述べるロプシャイトの『英華字典』（一八六六―六九）の影響を大きく受けている。ちなみに、ロプシャイトの辞典のbasinには二六の訳語が出ており、ここでは「盆、盂、圓山谷、天平盤」などが採られている。ともかく、山上がbasinに当てた「盆」は、日本の平らな「盆」ではなく、それなりの深さのある中国語の〝盆〟であった。

ところで、日本語には「覆水盆に返らず」ということわざがあるが、現代中国語には〝覆水難収〟（こぼした水はもとにもどしにくい――取り返しのつかないことをしたことのたとえ）とか、〝潑出去的水、嫁出去的姑娘〟（撒いた水、嫁にやった娘――取りもどせないたとえ）とかいうことわざしか残っていない。現代中国語では〝盆〟を使ったことわざは残っていないのである。

『附音挿図　英和字彙』初版扉

†「盆地」の形状

この「盆地」に関して、ゼミのある中国人院生がわたしにこんなことを話したことがある。「「京都盆地」に行ったのですが、平たいだけで真ん中がへこんでいませんでした。不思議です」。たしかに、先ほど説明したとおり日本の「盆地」は平らなので〝盆地〟らしくない、中国語の〝盆〟の意味からすると、もっとボール状の地形になっていなければならないのである。

京都大学名誉教授で漢字文化研究所の所長を務める阿辻哲次《あつじてつじ》氏は、漢字についての本をたくさん書いている。その中でわたしが好きな本の一つは『部首のはなし』（中公新書）である。この中で阿辻氏は、〝盆〟が底の浅い鉢のことだと知ったのは、中国語の授業で「臉盆」（洗面器）という単語を習ったときだそうで、そうすると、「盆地」の意味も氷解する。いわば自分たちは洗面器の底で寝起きし、学校に通い、コンパなどに興じていたのだと分かり、その後しばらくは「盆地」の由来について友人たちに吹聴して回ったという。

わたしが「盆地」の語源について書いたのは一九九八年のことで、丸善の『學鐙』（九五－三）という雑誌に載せてもらった（荒川一九九八a）。のち、阿辻氏を大学の講演会にお招きした折り、酒を酌み交わしながら、「盆地」について熱く語りあったことは楽しい思い出である。

2 「電池」――「池」とはなにか

†なぜ「池」がつくのか？

小学校時代、「電池」ということばになぜ「池」がついているのか不思議に思ったことはないだろうか。いったいどうしてこんな字が当てられたのだろうか、と。結論からいうと、そのように不思議に思えるのは、「電池」が中国でできた語だからである。

ただし、このことばをつくったのは、中国人ではなく、一九世紀に中国にやってきたアメリカ人プロテスタント宣教師のマーティン（Martin 丁韙良）という人で、彼が著した『格物入門』（一八六八）という本に出てくる（もちろん中国人協力者もいたのだが）。「格物」とは中国の朱子学以後の哲学によく出てくる用語。「ものにいたる」「ものの本質をつきとめる」ことで、自然科学のことを指す。この本は、水学、気学、火学、電学、力学、化学、算学の七つの分野に分かれ、「電池」はそのうちの「電学」の部に出てくる。なお、ここでの「算学」は各分野の計算式を含むものである。

『格物入門』扉

†そもそも「電気」とは何か?

さて、「電池」について話をする前に、話は少しずれるが、「電気」ということばの来歴も面白いので説明しておきたい。

『格物入門』の「電学」の部は問答の形式になっており、電気についてもそのかたちで解説されている。

まず「電学」が論じるのはどういう分野かから始まり、続いて問答となる。

問い:「電気」とはなにか。

答え:電気とは万物中に備わった微細な気で、已《や》むことなく動き、すばやく行き返りする。これが電気である。

問い:どうして電気と呼ぶのか。

答え:この気は万物の中に潜んでおり、その著しく現れるものが〈雷電〉である。

さらに問答は続き、「電気」には「乾電」と「湿電」があることなどが述べられる。

「電気」という語も中国で生まれたもので、アメリカ人宣教医マッゴワン（Macgowan 瑪高温）という人の『電気通標』（一八五一）という本に出てくる（八耳一九九二）。これが日本に伝わり、それまで存在した「エレキ」ということばと交代する。江戸の化学者川本幸民《かわもとこうみん》は『気海観瀾広義《きかいかんらんこうぎ》』（一八五一）では「越歴的里《エレキテル》」を使いながらも、「支那人近日電気ト訳ス」と注記し、『遠西奇器述《えんせいききじゅつ》』（一八五四）では、完全に「電気」に切り替えた。エレキから「電気」への転換である。

ただ、のち中国では「電気」も「気」の一種ではないためか、「気」を落とし「電」だけで使われるようになった（荒川二〇一四c）。「電気」は第五章で述べる「病院」と同じく、もとは中国で生まれたのに、日本に伝わって日本でのみ残った漢語なのである。

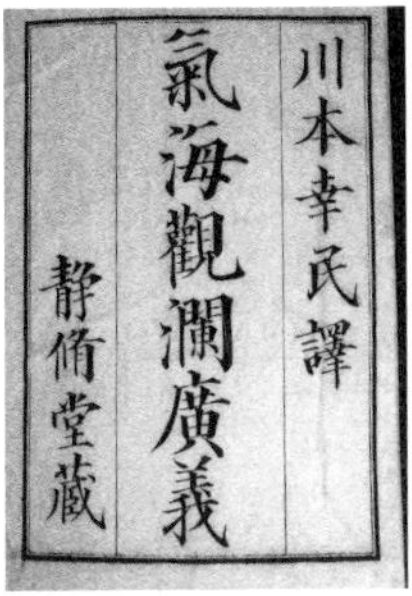

『気海観瀾広義』扉

中国語の〝池〟とは？

「電池」に話をもどそう。なにゆえ「池」なのか。これを考えるために、現代中国語で〝池〟を含む語を挙げてみよう。ここから、中国語の〝池〟がどのようなものか、それぞれ日本語のなにに当たるか、お考えいただきたい。

洗手池（北京）

①游泳池
②浴池
③楽池
④舞池
⑤花池
⑥洗手池
⑦便池

①の〝游泳池〟は「プール、スイミングプール」である。プールも〝池〟の一種なのである。②の〝浴池〟は風呂屋などの「浴槽、湯船」。③の〝楽池〟は想像がつかないと思うが「オーケストラボックス（ピット）」。舞台の下部にあって、観客席からは見えにくくなっている楽団のいるところである。④〝舞池〟は「ダンスホール」。⑤の〝花池〟は「花壇」。⑥〝洗手池〟は「手を洗う〈池〉」というわけである（写真参照）。⑦の〝便池〟は「（便器の）大小便溜め」である。

大きさはさまざまであるが、こうしたものを中国人がともに〝池〟と呼んでいることに注意してほしい。要するに中国人にとって〝池〟とは「(周りより少し低くなっている)くぼみ」を指すのである。日本でも硯《すずり》の墨を貯めるところを「池(硯池、墨池とも)」というのはこれに通じる。ただ、中国語ではそれが小さなものだけでなく、かなり大きなものにまで使われるということである。

ちなみに日本語の「池」は中国語では〝池塘〟という。あるいは〝湖〟である。北京大学の中にある池は〝未名湖〟という。〝湖〟とはいうものの、日本でいえば「池」である。こういう水を蓄えるところの名称も日中で異なる。これはあとで「海」と「洋」の違いのところでもふれる。

†〝電池〟のしくみ

「電池」は『格物入門』を見ればすぐわかる(写真参照)が、溶液(強水=硫酸)を貯めるところ(桶=池)をもったもので、この二つの溶液溜めに赤銅と白鉛の金属片を置き、上に銅線でつなぐと電気が発生するという。原理はともかく、この装置に「電池」とつけるような命名が日本人にできるだろうか。

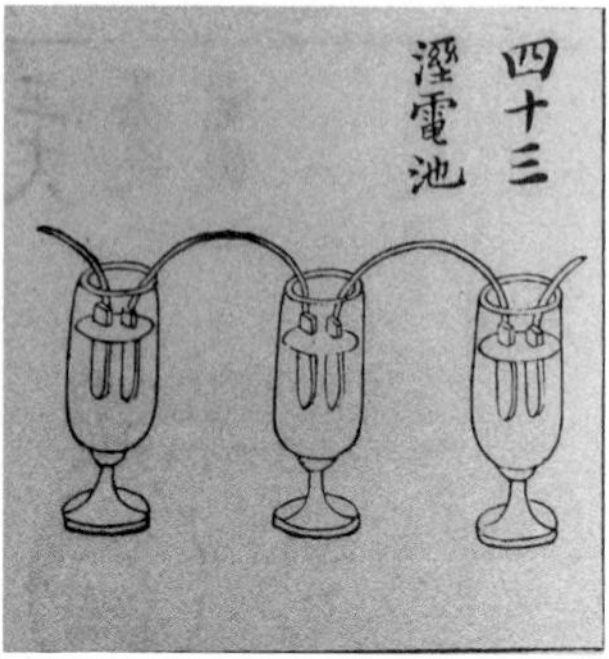

『格物入門』の「電池」

なお、「電池」が『格物入門』に出ていることを最初に指摘したのは、一九一八年に設立された湯浅電池（現GSユアサ）の社友であった河辺浩氏で、その論文は、筑摩書房が出していた雑誌『言語生活』の一九七七年三月号に発表された。

河辺氏が最初に調べたとき、中国側の研究はすべて、「電池」ということばは日本人がつくったとするものばかりであった。日本人としてこれは自尊心をくすぐられるものだが、河辺氏は調査を重ね、「電池」が中国側資料である『格物入門』に現れることを発見した。そして、これ以前に「バッテリー」「ガルハニ（蛙の実験で有名なイタリア人ガルヴァニ）」「ヴォルタ」などの語が使われていたこと、『格物入門』前後では、「電気箱」（『博物新編』一八六四）、「電壺」「電槽」「電瓶」などが使われていたことを明らかにした。ただ、河辺氏は「電池」になにゆえ「池」が使われているかについては述べていない。

『格物入門』は一八七〇年に訓点本がつくられ、その翌年の一八七一年から七四年にかけて『格物入門和解《わげ》』がつくられている。「和解」とは日本語訳の意味である。この書物にはあとでまた登場してもらうことにする。

3 「銀行」——「行」は「行く」の意味？

†「行」はどういう意味？

「銀行」の「銀」がお金を意味することはなんとなくわかる。現代中国でもレジは〝収銀処〟（銀＝お金を受け取るところ）という。日本語の「銀座」は、もともと「江戸幕府の銀貨鋳造所」であるし、「賃銀」の「銀」も「お金」のことだ。しかし、「行」とはなんだろう。

人によっては「〇〇洋行」という名前の会社を知っているかもしれない。この「洋行」とは外国の会社という意味である。あるいは中国の近代史に詳しい人なら「広東十三行」という、香港にあった会社群を思い浮かべるかもしれない。

そうである。「行」とは会社、店のことなのである。わたしはこの「行」の用法を「銀

街中の「琴行」（上海）

行」以外で見たことがなかったが、台湾の高雄を旅行したとき「車行」（自転車屋）、「薬行」（薬屋）などと書かれた看板を見て、ああ、こんなところに「行」の用法が残っていたのかと感慨深く思ったものだ。その後、大陸でも気をつけていると、いくらでも「○○行」の看板に出会った。たとえば、「煙酒茶行」（タバコ、酒、お茶屋）、「鞋行」（靴店）、「典当行」（質屋）、「琴行」（〔ピアノ、オルガン、ギター、バイオリン等の〕楽器店）、「珠宝行」（宝石店）等々。

〝煙酒茶行〟のように、今の中国では〝煙〟（タバコ）と〝酒〟を同時に扱っている店が多い。〝琴行〟の「琴」は日本語の琴《こと》ではなく、〝鋼琴〟（ピアノ）、〝口琴〟（ハーモニカ）、〝風琴〟（オルガン）、〝手提琴〟（バイオリン）等、〝○琴〟のつく楽器の総称である。また最近のデリバリーサービスも〝万里車行〟〝五友車行〟という名前を使っている。店や会社を表す〝行〟は、中国では現在も造語力＝ことばをつくる力を失っていないのである。

「銀行」は誰がつくったか

さて、この〝銀行〟だが、だれがつくったか。これについても多くの研究がある。最もまとまっているのは京都女子大学の朱鳳《しゅほう》氏の『モリソンの「華英・英華字典」と東西文化交流』（白帝社）の第四章にある「漢訳語「銀行」の誕生」という論文である。ここでは、

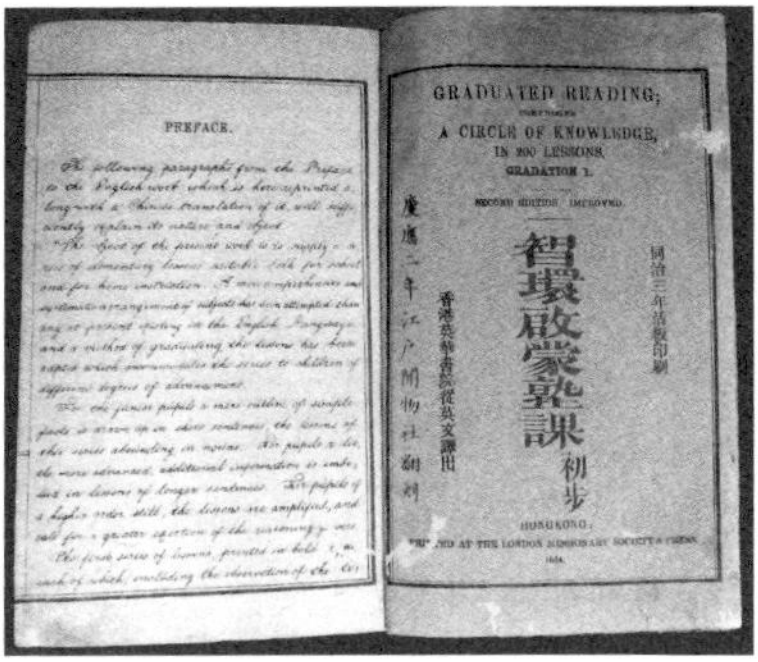

『智環啓蒙塾課初歩』和刻本

「銀行」の比較的初期の例が、香港で出ていた『遐邇《かじ》貫珍《かんちん》』という雑誌の一八五四年の記事や、明治初期に日本でも教科書として使われた百科知識の書『智環啓蒙塾課初歩』（一八五六）に見えることが指摘されている。なお、『遐邇貫珍』の「遐邇」とは「遠近」、「遠きも近きも古きも新しきもことばが真珠のようにつながっている」という意味である。この二冊に共通するのは、編集者あるいは著者が、のちオックスフォード大学の中国語講座の教授にもなったジェームズ・レッグだったことである。

さらに〝銀行〟は先にも述べたロプシャイトの『英華字典』(一八六六―六九)にも出てくる。あとでも述べるが、この辞書にあれば、ほぼ中国製であることは間違いない。もっとも、この〝銀行〟が使われだすのは、広東で出版された『遐邇貫珍』以後で、それは当時、広東では外国の会社、あるいは外国とかかわりのある会社が〝○○行〟と呼ばれていたからである。ただ、〝銀行〟が広東の一部の外国人に使われるようになっても、それがそのままのちの人々に継承されたわけではなかった。

中国人は国内の銀行に対しては〝銀号〟〝銀舗〟〝銭店〟〝銭舗〟と呼び、西洋人たちも〝銀舗〟〝銀局〟〝銀房〟と呼んでいた。しかし、香港では早くから〝銀行〟が使われた。その後、中国で実体としての銀行がつくられるのは一九〇四年、〝銀行〟という語の誕生からおよそ四〇年後のことであった。

4 「割礼」――「割」の用法は中国語的

†「割」はワル?

「割礼」という語がある。「儀礼として性器の包皮の一部を切り取る」ことである。ユダヤ教徒やイスラム教徒ではこれが宗教的儀礼として行われる。男子に対して行われるのがふつうだが、女子にもすることがあり（女子割礼）、世界的に問題になっている（シュベル一九九九）。

ところで、日本語の「割」は、「割愛」「割拠」「割譲」「分割」のように「わる、さく」という意味で用いられ、「切り取る」という意味はない。そのため「切り取る」行為である「割礼」に「割」を使うのは、よく考えると変である。ではなぜこの字を使うのか。これも、「割礼」という語が中国でできたと考えると氷解する。

中国語の〝割〟とは、単に切る〝切〟とは違い、「（もとの部分を残して、あるものの一部を）切り取る」ことである。

中国語は同じ切るでも、何で切るか、つまり道具によって動詞を変える。たとえば、〝切〟は包丁などで切る動作であるが、髪の毛のようにハサミで切る場合は〝切〟は使えず〝剪〟を使わなくてはならない。「剪定ばさみ」の「剪」である。中国のお土産の「切り紙」というのも〝切紙〟ではなく〝剪紙〟という。〝鋸〟は「のこぎり」であるが、のこぎりで切る動作も〝鋸〟という。そして、同じ切るでも、

〝割麦〟（麦を刈り取る）
〝割盲腸〟（盲腸を切る）
〝割双眼皮〟（二重まぶたにする）

などは〝割〟を使う。「麦を刈る」「盲腸を切る」では、元を残して切る動作であることがはっきりしている。最後の例は二重にするために、上まぶたの皮の一部を切り取ることである。

戸川芳郎氏監修の『全訳漢辞海』（第四版、三省堂、二〇一六）では、「割」をワルと読むのは日本語用法としているし、『字義字訓辞典』（角川書店、一九八五）で佐藤喜代治《さとうきよじ》氏は、日本古辞書の『類聚名義抄《るいじゅみょうぎしょう》』（一二世紀頃）に「サク、ヤブル、キル、ソコナハル」のような読みがあっても「ワル」がないことに注目している。

「割」の字をワルと読むのは、もっとあとのことで、室町から江戸時代にかけよく使われた漢字の読みの辞書『節用集』の系列では、文明本節用集（一四七四年頃）になって「ワル」という訓が現れる。さらにはヘボン『和英語林集成』（初版から第三版）、『言海』（一八八九）などのワルに「割」の字が当てられる（ヘボンは「サク」の字にも「割」を使っている）。第四章で挙げる「股」でもそうだが、「股」は本来モモのことで、マタと読まれるようになったのは、『黒本本節用集』（一四八七年頃）以後である。なぜ、日本語でこのような「誤訳」が起こったのか、それがどれだけの漢字に生じたのか。これは「漢字の謎」である。

†「割」は「切る」の一種

さて、「割礼」だが、先に述べたように、わたしは、これは中国的なつくられ方によるものだと考えている。ヘボンの『和英語林集成』（第三版、一八八六）には circumcision の訳語として「割礼」が見えていて、『日本国語大辞典』もこれを初出とする（ヘボンの辞書の初版、再版にはない）。一方、第三章で挙げる、江戸時代のオランダ語辞典（『和蘭字彙』『増補改正訳鍵』）には「陰茎ノ先ノ皮ヲ切ル」のよう

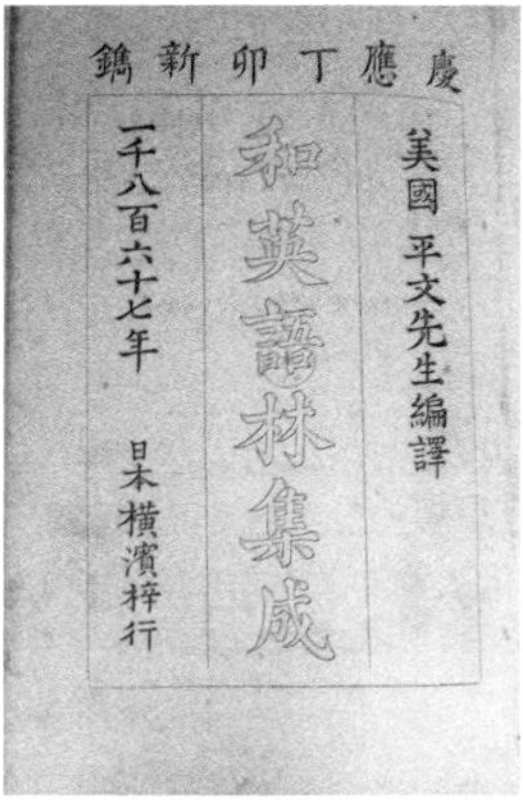

『和英語林集成』初版扉

に説明文しか出ていない。したがって、これはヘボン（あるいはヘボンの助手をした岸田吟香）の創作かと思える。しかし実は、ヘボンは先行する中国の英華辞典の系譜、モリソン、ウイリアムズ、メドハーストからロプシャイト、そしてそのあとのドーリトルらの近代英華辞典の訳語に多くを負っていると考えられる（英華辞典の系譜は宮田二〇一〇が詳しい）。

Morrison（一八二二）　割損、割損陽物頂之皮
Williams（一八四四）　割陽皮
Medhurst（一八四七）　損割之礼、周割之礼
Lobscheid（一八六六）　周割者　周割之礼　断勢皮之礼
鄺其照《こうきしょう》（『音韻字典集成』）（一八六八）　周割之礼
Doolittle（一八七二）　損割之礼　周割之礼
鄺其照（『華英音韻字典集成』）（一八七五）　割去下物前皮之礼

鄺其照（一八七五）の circumcision には、

割去下陰之前皮、此是猶太人及回回教人除汚之礼
（下陰の前皮を切り取ること。これはユダヤ人やイスラム教徒が汚れを取り除く礼である）

という説明がある。
ヘボンはおそらくロプシャイト以前の「周割之礼」を省略して二字の「割礼」という語をつくったのであろう。
ヘボン以降の明治期日本の英和辞典では、以下のものに「割礼」が見える。

『漢英対照いろは辞典』（明二一〔一八八八〕） 割礼
ブリンクリー『和英大辞典』（明二九〔一八九六〕） 割礼
ルマレシャル『和仏大辞典』（明三七〔一九〇四〕） 割礼 circoncision

一方、中国では以下の辞書に「割礼」が現れるが、これは日本語の影響とも、中国での継承とも考えられる。

Stent 英華合璧相連字彙（一八九八）　circumcision　割礼
商務書館華英音韻字典集成（一九〇二）　circumcision　割礼　断勢皮之礼
Technical terms（一九〇四）　circumcision　割礼
顔恵慶　英華大字典（一九〇八）　circumcision　割礼

5 「租界」の「租」

†「租界」の「租」の意味は？

日本語で「租」というと、古代の「租、庸、調」という租税制度の「租」がまず思い浮かぶかもしれない。この場合、「租」とは田にかかる税金――「田賦《でんぷ》」である。これ以外では「租税」ということばがある。国語辞典を引くと、「租」の意味の説明はなく、ただ「税」と同じ意味としているものがほとんどである。そうすると「租」も税のことだろうと想像がつく。

しかし、日本語にはほかに「租界」「租借」という語もある。これらの語における「租」

は税金のことではない。ではなにか。まず、「租借」からカリルという意味を思い浮かべるかもしれない。その通り。実は、この場合の「租」はカリルという意味なのである。ただし、単にカリルのではない。

「租借」に対し、『漢辞海』（第四版）は「③〔近〕賃借りする」、『新字源』（改訂新版、角川書店、二〇一七）も「ちんがり」という訳語を挙げる。日本の国語辞典のうち『新明解国語辞典』（第七版、三省堂、二〇一二）が「②賃借りする」というのも同じだ。しかし、『明鏡』（第二版、大修館書店、二〇一〇）が単に「土地、家などを借りる」とするのは正しくない。つまり、「租」とは単にカリルのではない。そこにお金がからむのである。お金を出して借りることが、この場合の「租」なのである。

さらに、「租」は「（金を出して）カリル」と「（金を取って）カス」のどちらも表すから、単に「賃借りする」だけでなく、「賃貸しする」という意味もあると考えなくてはならない。そういう意味で、いま挙げた漢和辞典、国語辞典の記述は一面しかとらえていないことになる。ちなみに、中国語で通訳をする場合、「この土地は市からカリテ……」と聞いても、タダかお金がからむかをいちいち確認する必要が出てくる。

†カウとウルが同じ音

中国語のカウ（買）とウル（売）は、声調（高低アクセント）の違いがある――〝買〟が第三声（低く下がったままの音）、〝売〟が第四声（下降調）――が、ともにmai（マイ）という音である。これは同じ行為をどちらから見るかという問題で、その差は買う側と売る側の立場の違いだけである。

そして、中国語では、カリルとカスはどちらも〝借〟で同じなのだが、カウ、ウルのことを考えると別に不思議でもない。ただ、これにお金がからむと〝租〟になるのである（ただし、実際には、〝借〟の場合も〝租〟の場合も、カリルとカスで違いを示す文型、語形はある）。ちなみに、日本語を勉強している中国人は、日本語のカリルとカスの使い分けをよく間違うという。ほかにも、中国語では日本語の「（上着を）着る」も「（ズボン、スカート、くつを）はく」もともに〝穿〟という動詞を使う。手や足を通す動作である。このキルとハクの使い分けも中国人には苦手のようだ。

カリルとカスに話をもどそう。もっとも、だれの側に立っているかで、どちらに傾いているかをいうことはできる。たとえば、不動産の店で〝售　租〟とあれば、〝售〟は売り物件、〝租〟は賃貸しの物件ということになる。なお、〝售〟は〝売〟のかきことばである。

さて、先の「租借」は「租」と「借」の二つが合わさっているから意味はどちらにもなりそうだが、その中心は「租」である。したがって、「租借地」というのは単に借りるのではなく、お金を出して借りる土地のことである。あるいは立場を替えれば、お金を取って貸す土地のことである。

かつての中国では全国の土地は皇帝のものであり、それを売買することは形式上できなかった。それで、外国人は中国の土地を借りる場合〝永遠租賃〟（永遠に貸し出す）という契約文句を契約書につけなくてはならなかった（呉志偉『上海租界研究』）。

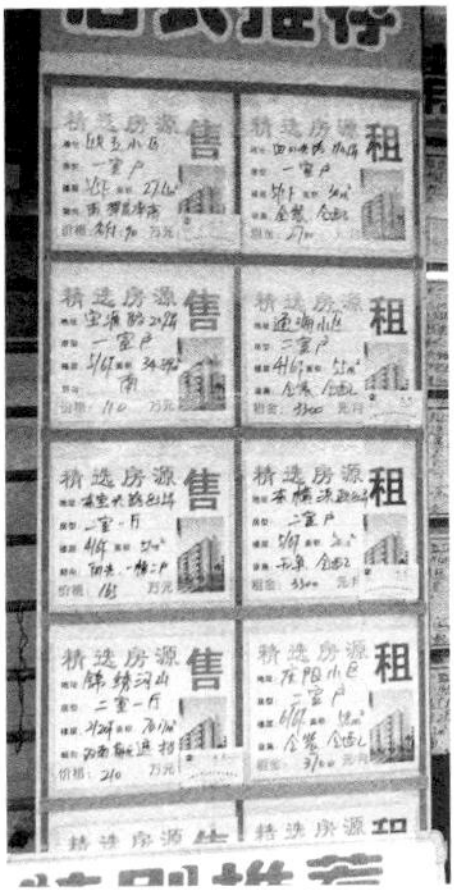

不動産屋の「售」と「租」（上海）

さて、身近な日中同形語をめぐって、その違いを考えてきた。毎日使っているような単語に、日本と中国を行き来することばの歴史や、日中双方の文化の広がりを感じ取ることができたのではないだろうか。次章からは、よりテーマをしぼって、日中間に現れる漢字・漢語の謎に迫ってみよう。

【日中同形語の窓②】湯／猪

中国のレストランで「水」と書いたら何が出てくる？

中国語の初学者が驚く漢字の一つ「湯」について説明しよう。

湯に関しては「水」の話から始めたい。わたしが勤める大学の学生訪中団が一九八〇年代に北京を訪れた。その際、ある学生が風邪を引いていて、食事の席で薬を飲もうと思い、ウエイトレスに「水」と書いた紙を渡した。ところが出てきたのは、「熱々のお湯」だったそうだ。わたしも子どもが小さい時よく中国へ連れて行ったが、子どもはすぐ水をほしがる。そこで、中国語で〝給我一杯水〟（水を一杯ください）と頼むのだが、出てくるのはいつも熱いお湯で、さまして飲ませたものである。なぜ、こんなことが起こるのか。

これには、次のような理由がある。まず、中国語には水とお湯の区別がないことである。これは別に不思議なことではない。英独仏語やお隣の韓国語も同じである。ただ、区別がなくてもこれらの国では、飲むという場面では、ふつう冷たい方の水（あるいは常温の水）が出てくる。「熱い水」が出てくるのはおそらく中国ぐらいである。

では、なぜ「熱い水」が出てくるのか。それは、中国では一般に生水をそのまま飲む習慣がないからである。というより、生水（硬水）を飲むと下痢を起こしてしまうので、人々はいったんわかして飲むか、わかしたものを冷まして飲む。このような理由から、さきほど食堂で「水」と書いて湯が出てきたのである。

ただ、中国でも最近は湯と水を飲める器械（浄水器）が一般の家庭にも備わるようになってきたし、夏場は〝氷水〟（冷やした水、あるいは氷を入れた水）を買って飲むようになってきた。とりわけ若者はそうだ。そこで、最近は、レストランで〝給我一杯水〟というと、「熱いのか冷たいのか」と聞いてくれる店も出てきた。もっとも、大部分の店は黙っていれば「熱い水＝湯」が出てくる。あるいはせいぜい、さました湯＝「さゆ」をくれる。

これはビールでも同じで、黙っていれば常温のものが出てくる。二〇一五年の夏に揚州のレストランでビールを頼んだときも常温のが出てきた。「えっ！」といったものの、「冷えたの」といわなかったから相手を責めるわけにもいかず、ぶつぶついっていたら「氷を持ってくるから」といわれて、あえなく妥協したことがある。

話を元にもどそう。かつての中国では飲む〝水〟を所望すれば「湯」が出てきたが、現在の中国では〝水〟が水を指すか湯を指すかはあいまいになってきているのである。

〝湯〟（湯）から温泉やスープの意味が派生した

ところで、この〝湯〟は現代ではスープのことを指す。中国人が日本へやってきて、銭湯の暖簾《のれん》を見て、「スープ屋」さんかと思ったという話もあるほどだ。では、なぜ〝湯〟がスープの意味になったのか。

〝湯〟は古代の中国では日本語と同じく「湯《ゆ》」のことであった。紀元前春秋時代の『論語』（季氏一六）には「見不善如探湯」（不善を見れば、熱湯に手を入れるようなもので、すぐ離そうとする）という例があるし、戦国時代の『孟子』（告子上）には「冬日則飲湯、夏日則飲水」（冬の日には湯を飲み、夏の日には水を飲む）と出ている。さらに、漢代の紀元一〇〇年に許慎によって編まれた字源辞書『説文解字』（十一下）にも「湯　熱水也」とある。

では、〝湯〟はいつまで湯の意味で使われていたのだろう。『漢語大詞典』を見ると、『水滸伝』（宋）の時代までは使われていたことがわかる。もっとも、現代でも〝赴湯蹈火〟（水火も辞せず＝湯や火の中でも飛び込んでいく）のような成語の中には生きている。

さらに〝湯〟は唐のころから温泉の意味でも使われるようになった。しかし、現代中国では、〝小湯山〟（北京）のような地名にしか残っていない。もっとも、台湾では〝瀧之湯〟

(滝之湯)〝泡湯＝泡温泉〟(温泉につかる)のように今でも温泉の意味で使われている。これはあるいは日本語の影響かもしれないが。

一方、日本では元々「ゆ」ということばがあり、古代に中国から「湯」の字が伝わってきたときに、この字の読みとして「ゆ」という日本語を当てた。たとえば、日本の古辞書の一つ『類聚名義抄』(一二世紀頃)には「湯　ユ」と出ている。こういうふうに記録されることで、古代中国語の〝湯〟の意味が日本語の中に残ったのである。

ここで問題になっているスープの方の〝湯〟の意味は、唐の時代に生まれた(『漢語大詞典』)。一方、薬膳のスープの意味ではそれより早く、『史記』の「扁鵲《へんじゃく》倉公列伝」に出てくる。これはつまり、〝湯〟はもともと漢方薬のスープとして生まれ、それが一般的なスープにまで派生したということである。ちなみに現代でも、中国人はよくスープを飲むが、体の調子が悪いときは、わざわざ特製のスープをつくる。入院した人を見舞うときも、自分でつくったスープを持っていくほどだ。

実は現代日本語の中にも、このスープの意味の「タン」がある。それはタンメン(湯麺)のタンで、タンメンとは「スープメン」のことである(ワンタンは全体で一語であり別のもの)。なお、「湯麺」の「麺」は小麦粉を指すこともあるが、単なるメンのことでもある。「湯麺」から「湯(スープ)」の字を取れば「麺」だけが残るが、この「麺」はジャージャーメン(炸醤麵）のように、スープのないメンのことである。これが中国語の〝麵〟のプロトタイプ（原型）なのだ。ちなみに、日本でも伊勢うどんにはスープがない。

猪と豚

日本語でイノシシと呼ばれる「猪」は、中国語ではブタのことである。イノシシはブタの原種であり、ブタはイノシシ科に属するから、関係があるといえば関係はある。

「猪」は干支の最後でもある。ところが、今の中国ではこれがブタと考えられていて、ブタ年の年賀状はブタを可愛くデザインしたもので飾られる（写真参照）。ブタは可愛いかもしれないが、干支の一つとして飾るにはイノシシほど風格がない。

なぜこうなったのか。『日本国語大辞典』で調べると、日本の古辞書では「猪」は一貫してイノシシと読まれてきた。この場合、イが「猪」で、シシとは「肉」のことである。したがって、「イノシシ」とは「猪の肉」という意味になる。『漢辞海』によれば、〝猪〟は中国語ではもともとブタのことで、この字をイ（ノシシ）と読むのは日本語用法とされている。

一方の「豚」はブタと読まれたほか、「イエノ　イノシシ」（『日葡辞書』）とも読まれている。室町期の『文明本節用集』には「家猪」をブタと読んだりしている。これは今の中国でもそうで、ブタは別名〝家猪〟、イノシシは〝野猪〟と呼んで区別する。『現代漢語詞典』に

豚のネット年賀状

よれば〝豚〟は「子豚、あるいは豚の総称」とあるが、話しことばの子豚は〝小猪〟であり、〝豚〟の字は使わない。

なお、現代中国ではブタは富、豊かさの象徴でもあるが、汚い、鈍くさい、おろかさの象徴でもあり、褒貶《ほうへん》相半ばする。ブタに関する読み物としては鄭高咏（書籍では鄭高詠表記）『中国の十二支動物誌』（白帝社、二〇〇五）が詳しい。

第二章

「文明」「文化」は日本からの逆輸入？

——日本から渡った漢語

1 「文明」と「文化」

第一章では、日本語に入っているが、よく考えると日本語としては異質なものをいくつか紹介した。

第二章では、日本でつくられ中国へ渡っていった漢語を中心に考えてみたい。先にも述べたように、明治以前は、漢語の交流に関してはもっぱら日本の「輸入超過」の状態であった。しかし、一八九四年の日清戦争後、清からの留学生、外交官、それに亡命知識人を通し、多くの和製漢語が中国語の中へ入っていった。

†「文明」「文化」はもともと中国起源

「文明」と「文化」という語は、もともと中国の古典の中にあったものを日本人が近代用語の civilization や culture の訳語として採用し、それがのちに中国語の中へ伝わっていったものである。素材は古代中国語だが、これを近代用語として使ったのは日本人である。

もっとも、語彙の交流が始まった明治期には、こうした語はもともと中国に存在したもので、それを忘れるのは「国粋を尊重する道からはずれている」と憤る中国人もいた。しかし、もとはともかく、これを近代用語として使ったのは日本人であり、その意味では和製の漢語といっておかしくないものである。

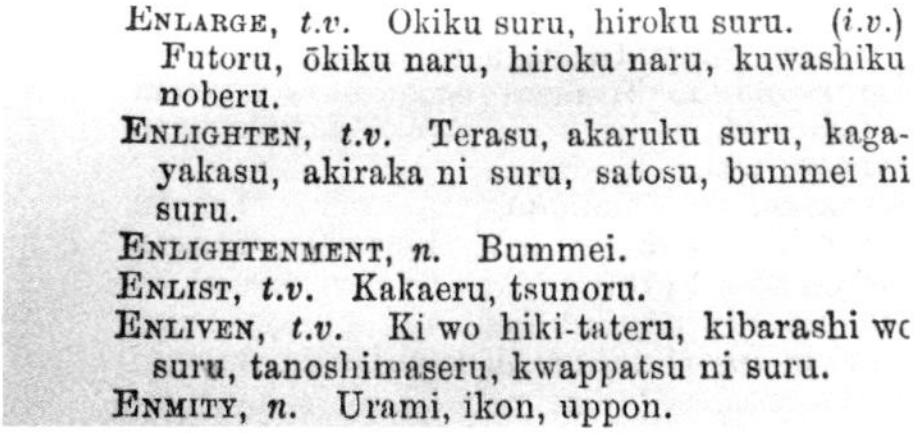

ENLARGE, *t.v.* Okiku suru, hiroku suru. (*i.v.*) Futoru, ōkiku naru, hiroku naru, kuwashiku noberu.
ENLIGHTEN, *t.v.* Terasu, akaruku suru, kagayakasu, akiraka ni suru, satosu, bummei ni suru.
ENLIGHTENMENT, *n.* Bummei.
ENLIST, *t.v.* Kakaeru, tsunoru.
ENLIVEN, *t.v.* Ki wo hiki-tateru, kibarashi wo suru, tanoshimaseru, kwappatsu ni suru.
ENMITY, *n.* Urami, ikon, uppon.

『和英語林集成』第３版 ENLIGHTENMENT の項に Bummei（文明）とある

さて、「文明」「文化」については、広島大学教授であった鈴木修次に詳しい論考（『文明のことば』）があるので、それにそって紹介したい。鈴木によれば、この二つの語は、明治維新後の日本で、先に「文明」が、遅れて「文化」が現れた。このことは前章でも挙げたヘボンの『和英語林集成』が、第三版（一八八六）になって初めて、enlightenment; civilization; refinment の訳語として「文明」を採用したのに、「文化」はそこでは取り入れられなかったことからもわかるという。鈴木は、「文化」はドイツ哲学が入ってきた明治三〇年代後半から四〇年代にかけ、ドイツ語の Kurtur の訳語として定着していったのではないかという。

その「文明」と「文化」は古典中国語では、それぞれ、

「文明」は、「文が明らかになる」「文によって化する」という意味で使われていた。たとえば、

見竜、田に在るときは、天下文明なり
（竜が世に現れたときは、天下の文は明らかである）
其の徳剛健にして文明なり
（その徳は剛健で文は明らかである）

ということばが『周易』（易経）という書物の「乾」と「大有」という卦《け》の中に見える。ともに卦に対する解釈である。

「文化」の方は、

文化内に輯《おさ》まり。武功外に悠《はるか》なり
（文によって化するやり方は内にゆきわたり、武の功績は遠く国の外にとどろく）
文化を敷きて以て遠きを柔《なつ》く

（文化を敷き広め、それによって遠方の人々を懐かせる）

のようなことばが、日本人も愛読した書物『文選《もんぜん》』の中に見える。「文明」「文化」と訳した幕末明治期の知識人は本来江戸時代の学問――漢学（朱子学）の素養を持つ人たちがほとんどであり、こうしたことばに結びつく中国の古典を比較的容易に思いつける素地があったのである。

話をもどそう。考えてみれば、明治初期に出てくるのは、「文明開化」であり、「文化」ということばも多くが「文明開化」の略語であったようだ。福沢諭吉が、明治八年（一八七五）に出すのも『文明論之概略』と「文明」を冠した書である。

では、だれが最初に「文明」や「文化」という語を使ったのか。鈴木は確定的な言い方を避けつつ、「文明」については、西周《にしあまね》の『百学連環』（一八七〇―七四）の例を挙げている。『百学連環』は、西がオランダで受けてきた西欧の学術体系を日本語で講義したものである。また、鈴木は「文化」についても西周の用語を挙げつつ、この段階ではまだ「文明開化」の略であるかもしれないと慎重な物言いをしている。

梁啓超

†「文明」「文化」を中国へもたらしたきっかけ

中国ではアヘン戦争（一八四〇年）でイギリスに負けたあと、近代化が叫ばれ、軍事的な近代化を目指す「洋務運動」が起こった。これは、政治体制はそのままにして、西洋の科学、軍事技術のみを導入しようとするものであった（「中体西用」論）。しかし、この運動は、その象徴的存在である北洋海軍が日清戦争で日本に壊滅的な打撃を受けると、あっけなく潰《つい》えてしまった。

そこで起こったのが政治体制の改革を唱える「変法運動」である。この中心になったのが康有為《こうゆうい》であり梁啓超《りょうけいちょう》であった。康有為は広東省出身の官僚で、光緒帝《こうしょてい》の元で改革に努めた。梁啓超は同じく広東省出身のジャーナリストで、康有為に師事し、改革運動を手伝った。しかし、かれらの運動は、改革を嫌う西太后《せいたいこう》（慈禧）らによって挫折させられ、光緒帝は幽閉、譚嗣同《たんしどう》ら他の変法派は処刑にあったが、康有為と梁啓超は日本へ亡命した。

康有為や梁啓超は亡命に前後して日本の政治制度を学び、多くの日本語をその著書の中で使用した。とりわけ、梁啓超はジャーナリストとしての才覚を発揮し、上海にあったときは『時務報』を、日本へ亡命後は『清議報』『新民叢報』を創刊、横浜、ついで神戸の華僑層の支援を受けつつ、亡命生活十数年にわたって、積極的に西洋思想を紹介した（狭間直樹『梁啓超』）。その中に「文明」や「文化」があった。鈴木によれば、康有為と梁啓超の著作には「文明」はたくさん出てくるが、「文化」の使用例を探すのはたいへんだったそうである。

†その後の「文明」「文化」の日中での変化

本来、中国の古典に起源を持つ「文明」「文化」は日本人によって新たに生命を与えられ、近代用語として復活した。しかし、これらはその後そのまま同じ意味で使われたわけではない。それぞれ、元の意味の他に、別の意味を発生させているのである。

このうち「文化」についていえば、今では死語になったが、日本では「文化住宅」という用法が生まれた。これは大正から昭和にかけてつくられた、こじゃれた西洋風の住宅で、これが「文化的」と思われたのである。あるいは、「文化祭」「文化財」も日本的な用法である。

一方、中国独自のものに、〝文化大革命〟〝学習文化〟〝文化水平〟〝没有文化〟がある。〝文化大革命〟は一九六六―七六年にかけて毛沢東によって起こされた政治運動であり、いわゆる四人組の逮捕によって終結をみたが、これがなにゆえ〝文化〟をかぶせられているかはあまり語られていない。それはおそらくこの運動が文学芸術の領域、さらにはイデオロギー全般への批判から始められたことと関係があるだろう。〝学習文化〟（＝文化を学習する）は文字や一般知識を習うことであり、〝文化水平〟（＝文化レベル）は「最終学歴」のことである。〝没有文化〟は、「文化がない＝読み書き能力がない→文盲」という意味になる。

こんなふうに、culture の訳語として誕生した「文化」は日中それぞれの言語で別の意味に発展した。

一方、civilization の訳語として出発した「文明」は、現代中国では意味に大きな変化が起こり、つぎのようなフレーズが生まれた。まず、どういう意味か考えていただきたい。

①文明養犬

②文明乗車

③文明用餐
④文明旅游
⑤文明鑑賞
⑥文明公厠

①の〝文明養犬〟は直訳すれば「文明的に犬を養う」だが、これは日本人には違和感があろう。この〝養〟は日本語の「飼う」に当たり、〝養路〟（道の補修をする）とか〝養車〟（車の諸費用を出して車を維持すること）のような用法もある。話をもどすと、〝文明養犬〟とは要するに「マナーをもって犬を飼う」ことである。これには、やたらとおしっこや糞をさせない、人に対して吠えさせないなどが含まれる。

②の〝文明乗車〟は、まずは「整列乗車」のこと。さらに、車内でさわがない、大声を出さないなども含まれる。③の〝文明用餐〟は「文明的にご飯を食べる」——どういうことかというと、「適度に注文し、ご飯やおかずを残さない」ということである（写真参照）。中国人は外での食事の際、客に充分に食べさせようと、食べきれないほどの料理を注文する。完食すれば客は満足していないという不安感があるからである。それにもかかわらず

レストランの“文明用餐”スローガン（上海）

〝文明用餐〟ということばがスローガンとして使われるようになったのは、今の習近平体制になって浪費がうるさくいわれるようになったことと関係がある。

④の〝文明旅游〟は「マナーをもって旅行をしよう」。今、中国人が国内だけでなく国外へも旅行に出ていくが、顰蹙《ひんしゅく》を買う行為が絶えない。これは中国人自身も認めている。そこで、こういうスローガンが生まれた。なお、中国語には〝旅行〟もあるが、これは観光以外の目的で遠くへ出かけるという意味も含む。それに対し、〝旅游〟はもっぱら観光の場合を指す。

⑤の〝文明鑑賞〟は文物をさわったり傷つけたりせず、静かに見ること。

⑥の〝文明公厠〟はきれいで、みんながマナーをもって使う公衆トイレのことである。このように、好き気ままにするのでなく、一定のルールをもって振る舞うのが、現代において最も常用される〝文明〟の意味なのである。

2 「義務」

†「義務」は日本でできたことば

「権利」と「義務」はしばしば対比して用いられることばであるが、このうち、「権利」はアメリカ人宣教師マーティンが中国で出版した『万国公法』（一八六四）に見られる。マーティンは先に「電池」の話をした際、『格物入門』の訳者として紹介した。かれは米国公使館付通訳や中国の外国語学校・翻訳所に当たる同文館の国際法の教授、清国政府国際法顧問等を務めた。『万国公法』とは国際法のことで、中国だけでなく日本においても当時翻訳が急務とされていたものである。一方、「義務」は中国の書物に見られず、日本人がつくったものと考えられている。

「権利」ということば（あるいは「権」と「利」の組み合わせ）は中国では古くから使われているが、それは「権勢＋財貨」という意味合いが強く、マーティンはいわばこのことばを現代の right の意味に合わせるべく曲げて使用した。ただ、「権利」には「権力、利益」

西周

という従来の漢字の意味からの連想がどうしてもぬぐいがたく、福沢諭吉などはrightの訳語として長く「通義」を使い、のち「権義」「権理」などと訳語を変えていかざるをえなかった（もっとも、かれも世の趨勢に逆らえず、最後には「権利」を使うのだが）。

マーティンの使った「権利」を日本語としても使い出したのは、幕命を受けてオランダで国際法を学んできた津田真道《つだまみち》や西周であった。

一方、「義務」についても、津田真道や西周が鍵となる人物であった。かれらは、「権」に対する概念として「義」を考え、その著作の中で「務むべき義」「義を務む」という表現をしている。北京大学の孫建軍氏は、ここから「義務」が出てきたと述べている（『近代日本語の起源』）。しかし、わたしはそれなら「務義」であって「義務」にはならないと考える。それよりも「義としての務」から「義務」ができたのではないだろうか。

明治初期に文明開化の最新知識を社会に広めた雑誌に『明六《めいろく》雑誌』がある。雑誌の名前は発行する明六社が明治六年（一八七三）にできたことから来ている（雑誌創刊は明治七年)。この中で、津田、西をはじめ、加藤弘之、森有礼《もりありのり》、西村茂樹らが「義務」ということばを使い広めた。福沢諭吉は先にも述べたように、「権利—義務」の代わりに、当初「通義—職分」を使っていたが、『文明論之概略』(一八七五)から「義務」を使い出した。

そして、この「義務」が辞書の世界に顔を出すのは、井上哲次郎等の『哲学字彙』初版(一八八一)で、ヘボン『和英語林集成』も第三版(一八八六)で、ようやく「権利」とともに「義務」を採用した。井上は、東京大学文科大学教授となり、ドイツ観念論哲学を日本に移植した学者である。『哲学字彙』は「概念」「良心」「原因」「矛盾」「影響」「淘汰」等、当時の抽象的な哲学用語を集めたもので、再版(一八八四)、三版(一九一二)と三回も版を重ねた。

『哲学字彙』初版扉

ただ、中国哲学者の三浦國雄氏が井上哲次郎の『哲学字彙』の訳語選定について喝破したように、「いくら明治の知識人が漢学・漢語に強かったとはいえ、よほどの漢学の専門家でないかぎりピンとこない語が少なくなかった。それは井上が「今取其字而不取其義」(今その字を取ってその意味を取らず)というように、訳語と漢字の意味が必然的に結びついていたわけではなかったからである（三浦一九九五）。

たとえば、motive に「動機」という訳語がつけられているが、その根拠たる出典は第三版になって『列子』（天瑞篇）の、

万物皆出於機、皆入於機

（万物はすべて機〔造化の根元〕から生まれ、機に帰っていく）

が挙げられている。

「帰納」は、初版から、

按、帰、還也、納、内也、韻書、以佐結字、故云帰納

（考えるに、「帰」とは「還」という意味であり、「納」とは「内《いれる》」という意味である。韻書に「佐」で字を結ぶとある。そこで「帰納」という）

とあるが、これは音韻学の用語の援用である。

もう一つ例を挙げるとcategory「範疇《はんちゅう》」は、『書経』という書物の「洪範」に、

「天乃錫禹洪範九疇」

（天はそこで〔治水で有名な〕禹《う》に「洪範九疇（九種類の大きな原則）」を与えた）

とあることから来ている（写真参照）。いずれも、西洋的な概念との接点が薄いもので、井上の知識をひけらかしたものといわざるをえない。

もっとも、これらが現在も使われているのは不思議なことで、柳父章《やなぶあきら》氏はこれを「カセット効果」と呼んでいる（『翻訳とはなにか』）。柳父氏のいう「カセット」とは宝石箱。それは、一見きらびやかでなにか魅力のあるものを想像させるのだという。もっとも、この方法は当時つくられた漢語の意味が文字面からはわかりにくいという弊害となって、今日に至っている。

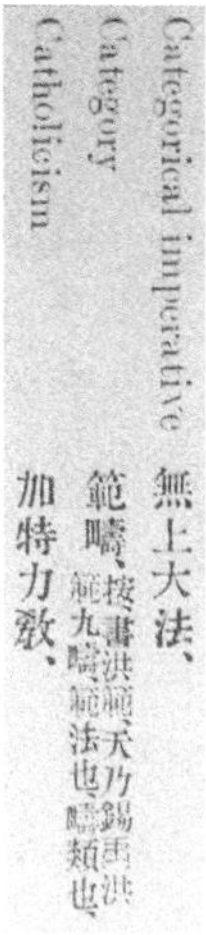
Categorical imperative　無上大法、
Category　範疇、按書洪範天乃錫禹洪範九疇範法也疇類也
Catholicism　加特力教、

『哲学字彙』
Category
の項

†中国語における〝義務労働〟の意味は?

さて、前出の「権利」は本来中国でできたものであり、「義務」は和製の漢語であるが、のち両者とも梁啓超等によって中国語の中へ移された。そして、「義務」はさらに、中国語の中で別の使い方をされるようになった。

もちろん、〝義務教育〟というときは日本語のそれと変わらない。ところが〝義務労働〟〝義務演出〟の〝義務〟は「無報酬の」という意味で、前者は「ボランティア労働、勤労奉仕」、後者は「チャリティー公演」である。いつどうしてこんな意味が生まれたのか。『現代漢語詞典』(試用本、一九七三)にはこの「無報酬」の意味が一般の「義務」の意味とは別に立てられていて、これは最新の第七版まで変わりがない。つまり、中国語では日本語と同じdutyの「義務」以外に「無償の」という意味が早くからできていたのである。

これはどこまで遡れるのだろう。中華民国時代(一九一二—四九)に編まれた中国大辞典編纂処編『国語辞典』(一九三七)の〝義務〟の③には「俗に報酬を受けずに働くことをいう。例「わたしがここに来たのはまったく〈義務〉からです」」(原文中国語)という語釈と例を挙げる。

これより少し遡るが、中国では来華西洋人、あるいはお雇い中国人による語彙集がいくつか出ている。その中に〝義務〟が顔を出す。それを見てみよう。そのうちの一つ、マティア（A. H. Mateer）が一九一七年に出版した *New Terms for New Ideas, A Study of the Chinese Newspaper*（『中国新聞の研究　新しい概念に対する新しい用語』）は当時出ていた新聞の語彙を解説したものだが、その三二課の「男女を問わず義務と権利は平等で、男子はすべて成年以上すべて服役の義務がある（原文中国語）」という記事に対し、つぎのような解説がある。

義務　Duty, service, especially such as is voluntarily rendered; an honorary office. (see les. XVII)
（義務、サービス、とりわけ無償で提供されるもの、名誉職）

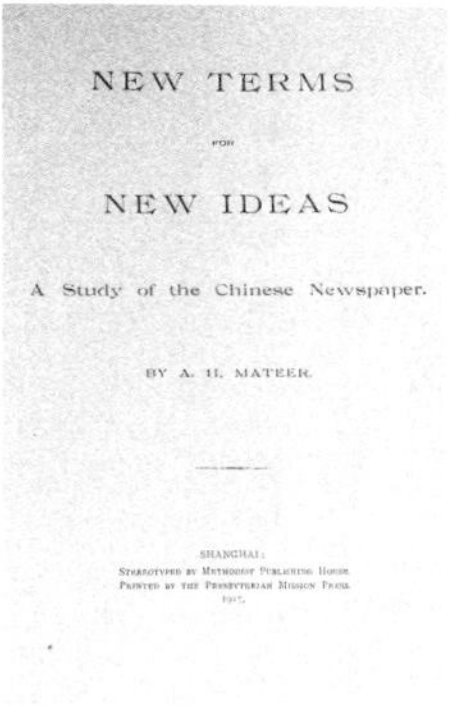
NEW TERMS
FOR
NEW IDEAS
A Study of the Chinese Newspaper.
BY A. H. MATEER.
SHANGHAI:
Stereotyped by Methodist Publishing House.
Printed by the Presbyterian Mission Press.
1917.

New Terms for New Ideas 扉

この三二課の新聞本文にある「服役の義務」はまさに日本と同じ「義務」の例だが、英語で記された解説の後半部分は、ここで問題にしている「無償の」という意味である。

マティアは同じ一九一七年に *Handbook of New Terms and Newspaper Chinese*（『新語ならびに新聞中国語ハンドブック』）という小型辞書を出している。この中で、〝義務〟に対し、日本語と同じ「義務」の意味の duty, obligation 以外に、service (especially unpaid), honorary office. と注釈を加えている。「（とりわけ無償の）サービス、名誉職」という意味である。考えてみれば、「義務」というのは強制的なものであり、報酬からいえば、「無償」に近づく。

これに関して、もう一つ興味深いのは、マティアが「義務教育」を、free education と訳していることである。「義務教育」はふつう compulsory education（強制の教育）と訳されるのに、ここではそれを「無償の教育」としていることだ。ここに〝義務〟の二つの側面が出ている。考えてみれば、先に挙げた〝義務労働〟の訳のうち「勤労奉仕」は無償ではあるが、半ば強制の意味合いを持っている。

3　「調査」

†"調査"の"調"にはシラベルという意味がなかった

毛沢東に「調査なくして発言権なし」ということばがある（「書物主義に反対する」、写真参照）。この「調査」はいかにも中国語のように見えるが、実は日本語起源のことば、和製漢語なのだ。なぜそういえるのか。現代中国語でシラベルは一字だと"査"、二字だと"調査"という。あとで述べるように、"調"にはシラベルという意味がない。しかし、"調査"は全体としてはシラベルという意味で理解されている。これは"睡覚"（寝る）、"忘記"（覚える）のような語が、正反対の意味の字からできているのに、"睡""忘"の字だけで理解されているのと似ている。では、"調"は現代語ではどういう意味なのか。大きく、つぎの三つの意味がある。

①（人が）異動する、（人を）異動させる

②調子

反对本本主义

（一九三〇年五月）

一　沒有調査，沒有发言权

你对于某个問題沒有調査，就停止你对于某个問題的发言权。这不太野蛮了嗎？一点也不野蛮。你对那个問題的現实情况和历史情况既然沒有調査，不知底里，对于那个問題的发言便一定是瞎說一頓。瞎說一頓之不能解决問題是大家明了的，那末，停止你的发言权有什么不公道呢？許多的同志都成天地閉着眼睛在那里瞎說，这是共产党員的恥辱，岂有共产党員而可以閉着眼睛瞎說一頓的么？

要不得！

要不得！

注重調査！

反对瞎說！

二　調査就是解决問題

你对于那个問題不能解决么？那末，你就去調

毛沢東「書物主義に反対する」

412 SHI シ

SHIRABE, -rŭ, -ta, シラベル, 調, *t.v.* To examine, investigate, inquire into, to judge, to search into, to tune, to play on a musical instrument. *Tszmi wo* —, to judge a crime. Syn. SENSAKU SZRU, TADASZ, GIMMI SZRU.
SHIRABE, シラベ, 調, *n.* The harmony, or concord of different chords of a guitar, or of different instruments. *Kotoba no* —, the quantity, measure, or euphony of words.
SHIRABE-YAKU, シラベヤク, 調役, *n.* A judge.
SHIRA-BIYŌSHI, シラビヤウシ, 白柏子, *n.* A female dancer.
SHIRADZ, シラズ, 不知, neg. of *Shiru.* Not

『和英語林集成』初版「SHIRABE」

③調整（する）

このうち、③は①②とはいわゆる声調（高低アクセント）が違うだけでなく、中国語の音声的特徴である、無気音／有気音（後者は息が強く出る）という対立関係にある。①、②が無気音で③が有気音である。③は「ととのえる」ということで、古語でいえば「しらぶ、しらぶる」という日本語に対応する。意味は「楽器の音調を整える、演奏する」（大野晋『古典基礎語辞典』）である。「調」という字はもともとこの③の「しらぶ、しらぶる」に当てられた字であった。

ところが、この「しらぶ、しらぶる」には、のち今の「調査」の意味が生じた。『日本国語大辞典』によれば、それは一六世紀のことであった。もちろん、平仮名で書かれる場合も多いし、明治になっても「査《しら》べる」とか「撿《しら》べる」という漢字も使っていた。しかし、前にも挙げたヘボンの『和英語林集成』初版（一八六七）には「SHIRABE, -ru, -ta, シラ

ベル　調」と、漢字に「調」を挙げ、「罪をしらべる」という例を挙げている。また、類義語として「詮索する」「正す」「吟味する」を出している。明治初期に大量に現れた漢語字典にも「査調（アラタメシラベル）」（『文明いろは字引』一八七七）、「査調（アラタメシラベル）」（『必携熟字集』一八七九）、「調査（シラベル）」（『必携熟字集』）が出ている。これも、当時「調」という漢字が「調査」の意味で使われていた証拠になる。

†「覚える」の「覚」には本来「記憶する」の意味がない

「調」もそうだが、漢字に当てられた和語の意味が変化することで、本来その漢字が持っていた意味に変化が起こることがある。たとえば、「覚える」の「覚」という漢字は本来「（眠気を）覚える」「（のどの渇きを）覚える」など身体的な感覚に使われるものだが、これに当てられた和語「おぼゆ」が同時に「記憶する」の意味でも使われた結果（大野前掲書）、「覚」という漢字の意味が広がってしまった。したがって、現在わたしたちが「単語を覚える」などと書くのは、本来の「覚」の漢字の意味からは逸脱したものである。いわば、漢字を元の意味から切り離し、記号として使っているのである。

他の例では、「携《たずさ》わる」の「携」も本来「携帯」の「携」（たずさえる）の意味であったが、「(なにかに) たずさわる、従事する」という場合でも使われるようになった。

この「覚」「携」は、それぞれ「記憶する」「たずさわる」という新しい方の意味では二字の熟語をつくっていない。この二つと少し違うのが「催す」である。この字も本来「催眠薬」のように「(眠気を) もよおす」の意味で使われたが、「(行事を) もよおす」の意味が生じ、さらには音《おん》(サイ) として「主催」「共催」「催事」「催行」などの熟語を生んだ。もっとも「主催」以下は中国語の中に入っていっていない。これらの漢語に含まれる「催」の意味 (もよおす) により、中国語としての受け入れが拒まれたのである。

話をもどそう。今の中国で先の「調」を要素にもつ単語は、「書面で調査する」意味の〝函調〟(「函」は手紙) と四字熟語の〝内査外調〟(内も外も調査する) ぐらいである。

前者の〝調〟は〝調査〟の略。〝内査外調〟は、「内外」と「調査」を交互に組み合わせたもので、日本人的な感覚では、「内調外査」といいたくなるが、それが「内査外調」となるのは、「調査」という語の声調と関わる。中国語では意味の近いもの、あるいは反対のもの同士の結合は声調の順に並ぶ (調は四声、査は二声) という法則にしたがったものである。この場合も、〝内査外調〟の方が〝内調外査〟より発音するのに自然というわけである。

そもそも「調査」という語はいつごろから文献に現れるのか。日本側資料では、佐藤亨《さとうとおる》氏の『現代に生きる幕末・明治初期漢語辞典』（明治書院、二〇〇七）が、久米邦武の『米欧回覧実記』（一八七三）や『明六雑誌』（一八七四）の例を挙げる。前者は、できてまもない明治政府が明治四年（一八七一）に視察と条約改正の打診を兼ね米欧へ使節団を送ったときの記録で、格調高い本文とともにそれに添えられた銅版画が有名である。これらはともに、明治初期の例である。また「調査」は幕末外交に尽力した川路聖謨《かわじとしあきら》の『遊芸園随筆』（一八三三）にも見える。

これに対し、中国側資料である『漢語大詞典』では、一八四七年にアメリカに留学し、エール大学を卒業した容閎《ようこう》の『西学東漸記』（中国語訳、一九一五）を挙げるだけである。ここからも和製である可能性が高い。

『米欧回覧実記』扉

†「調査」の出典は『漢書』の注？

『日本国語大辞典』は「調査」の漢籍の出典の例として『漢書』王莽《おうもう》伝の注、

求事物実情曰調査
（事物の実情を求めることを調査という）

を挙げていた。これからすると、『漢書』の注が編まれた時代（唐）にすでに中国に「調査」が存在したことになる。これではわたしの仮説と矛盾する。そこでまず、『漢書』の「王莽伝」を見てみたが、このことばは出てこない。『漢書』の注というと唐の顔師古《がんしこ》の注があるが、これにもない。清の王先謙《おうせんけん》がつくった『漢書補注』という有名な注釈書にもない。そこで考えた。そもそも、『漢書』やその注にあると考えるのが変である。

こんなとき、わたしがまっ先に引くのが、中華民国初期に出た、中国の国語辞典『辞源』（商務印書館、一九一五）や『辞海』（中華書局、一九三六）の初版である。すると、『辞源』には、つぎのような注があったのである。

「調査」猶言考察。調者発取之義。見〔漢書王莽伝注〕故今謂刺取輿論。或徴収文巻以求事物之実情曰調査

（調査とは視察するというようなものである。調は徴収の意味。これは〔漢書王莽伝注〕に見える。それで、今輿論《よろん》を探ったり、文献を集めたりして、それによって事物の実情を求めることを調査という）

『日本国語大辞典』の「調査」出典の担当者は、この最後のところまでを「王莽伝」の注と勘違いしてしまったのである。わたしはこれをもって『日本国語大辞典』をおとしめようという気はない。そもそも、わたし自身この辞書の地理学用語の項目を分担執筆しているし、先にも述べたように、毎日のように利用している。しかし、このような立派な辞書でさえ、なんでも頭から信用してはいけない、すべては疑え、という根本に立ち返る必要があるということである。なお、この「調査」に関わる「王莽伝注」の顚末《てんまつ》、裏話についてては、大学院時代に『日本国語大辞典』の出典調査に関わった高島俊男氏に、わたしとのやりとりを含め興味深い論考がある（「「調査」の由来」『漢字雑談』講談社現代新書）。

4 「化石」

†中国語の構造を無視して使用された!

「化石」が和製漢語だというと、「本当に？」といわれるかもしれない(荒川一九九八b)。その理由はおいおいお話しするが、そもそも「化石」ということばの構造を考えてみてほしい。「化石」は「化した石」ではなく、「石に化す」「石に変化する」ということである。「化した石」なら「化した」が「石」を修飾する構造で一語だが、これは変である。意味が通らない。では「石に化す」ならどうかというと、これは「石」という単語と「化す」という二つの単語からなるフレーズ、連語であっても一つの単語(複合語)とは言いがたい。フレーズというのは、語と語が結びついたもので、たとえば、「窓ふき」というのは単語だが、「窓をふく」というのはフレーズという関係である。

では、これがなぜ単語となったのか。それは江戸時代の博物学者たちが、この語の構造を誤ったからだとわたしは考える。本来は「石に化ける」という現象をいっているのに、まるで「化けた石」のように考えたのではないだろうか。

†「化石」が出てくる資料

「化石」というフレーズは古くから中国の文献に見られる。劉昭民編著の『中国地質学史』(台湾商務印書館、一九八五)によると、「化石」というモノに対する認識は古く戦国時代の『山海経《せんがいきょう》』や『韓非子《かんぴし》』に見られる。これが「化為石」(化して石となる)と言語化されるのは魏晋南北朝時代である。これ以後の文献を見ていくと、出てくるのはほぼ「化為石」というカタチだ。なお「化為石」は「為」が取れ「化石」となることがある。しかし、それもまだ「動詞+名詞(目的語)」のフレーズで単語になったと考えることはできない。

単語にならない、フレーズとしての「化石」がふんだんに出てくるのが、明末清初の異色な思想家、方以智《ほういち》の『物理小識』(一六六四)巻七の「金石類」である。ここにはタイトルの一つとして「化石」が出てくる。本書は江戸時代に日本にもたらされ、日本の博学者たちに大きな影響を与えたとされる書物である。では、この「化石」は一つの単語なのか。『物理小識』の各項目のタイトルは「海井」(海水が淡水になる井戸)「養珠法」(真珠の養殖法)「化鉄法」(鉄を溶かす法)のような、はっきり名詞とわかるものもあるが、「硝

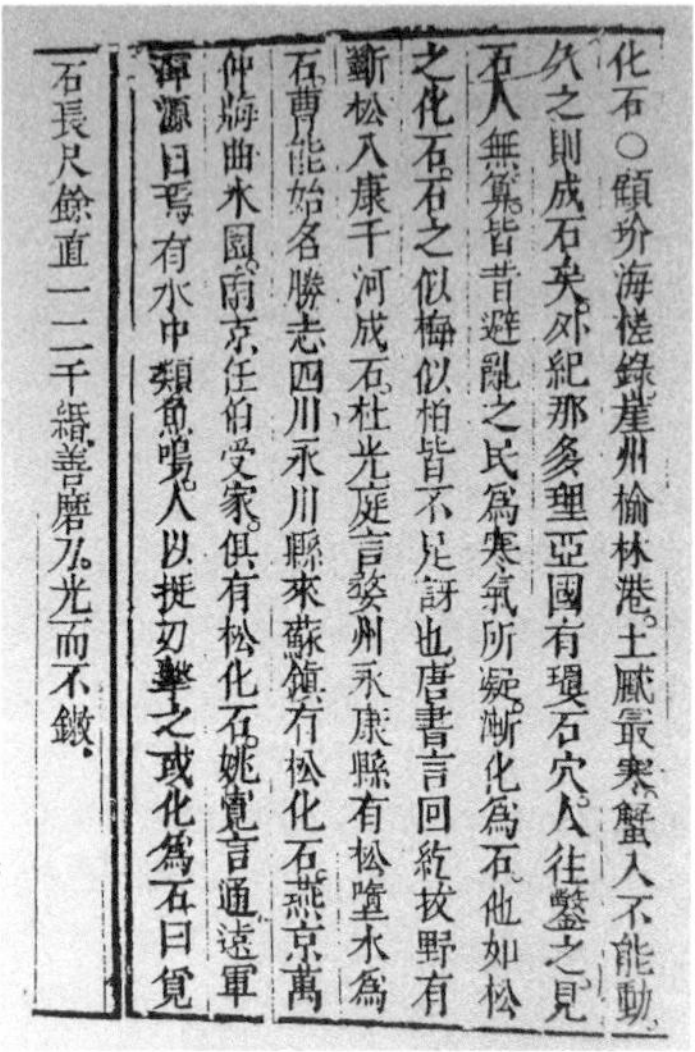
化石〇頓夯海槎錄崖州楡林港土脈最寒蟹入不能動
久之則成石矣外紀那多理亞國有琝石穴人往鑿之見
石人無算皆昔避亂之民為寒氣所凝漸化為石他如松
之化石石之似梅似柏皆不足訝也唐書言回紇拔野有
斷松入康干河成石杜光庭言婺州永康縣有松墮水為
石曹能始名勝志四川永川縣來蘇鎮有松化石燕京萬
仲海曲水園府京任伯受家俱有松化石姚寬言通遠軍
渾源日焉有水中類魚鳴人以挺刃擊之或化為石日覓
石長尺餘直一二千緡善磨乃光而不鐵

『物理小識』巻７「金石類」の「化石」

皆地出」（硝石はみな地中から出る）「宝石不一」（宝石は同じではない）「鉄成銅」（鉄が銅になる）「銅錫鋳剣」（銅と錫で剣を鋳る）のようにフレーズ形式のものもある。したがって、ここの「化石」も一つの単語ではなく、「石に化す」というフレーズと理解しておかしくない。

『物理小識』の「化石」の本文を見ると、最初のところには、（広東省の）崖州《がいしゅう》の楡林港《ゆりんこう》はとても寒く、蟹はそこへ入ると動けず、やがて石になってしまう（成石）とか、（イエズス会宣教師アレニの）『（職方）外紀』のアナトリア国に石の洞穴がある。人が行って掘ってみると、「昔戦乱を避けて隠れた民が寒気によって凍り、やがて石になった」（漸化為石）とか、「松が石に化した」（松之化石）とか、「石が梅や柏に似ているというのはどれも驚くに足りない」といった話が出てくる。このあと、「松が水に墜ちて石になった（有松堕水為石）」話とか、四川の永川《えいせん》県来《らい》蘇《そ》鎮《ちん》や燕京《えんけい》や南京に「松化石」があるという話が続く。

このうち、「松が石に化した」（松之化石）というのは、訓読すると「松の石に化する」という、独立した文にならない、全体が名詞化したクローズ（節）で、この中の「化石」はフレーズである。しかし、そのあとの「松化石」は一つの単語と見なさざるをえない。どういうことか。先にも述べたように、「化した石」だけでは「なにが化した」のか意味が通じないが、「松が（変）化した石」ととれば意味が通じるし、文法的にも成立するからである。さらに、中国の文献の中には「万年松化石」という表現も見られる。「万年」という語の修飾を受けているので、この「松化石」も単語と見なさざるをえない（荒川二〇一八a）。

近代漢語の研究で大きな成果を挙げたイタリア人中国学者マッシーニ（Masini 馬西尼）は、「化石」を「修飾構造」の語と解釈した（馬西尼一九九三）。つまり、「化した石」と理解したのである。これは興味ある指摘で、「化石」を語として理解しようとすると、全体として、「〜の石」と名詞として解釈せざるをえなくなる。しかし、これまでも述べてきたように、「化した石」では意味をなさない。わたしが「化石」は単語ではなく、あくまでフレーズでしかないと主張するゆえんである。

†「化石」はなぜ日本で一つの単語と思われたのか

では、なぜそのようなわけのわからない語が現代中国語の中に存在するのか。それはまず、日本の江戸時代の博物学者、たとえば平賀源内や司馬江漢《しばこうかん》、それに木内石亭《きうちせきてい》らが『物理小識』を読み、そこにあったフレーズ「化石」を単語と思い込んだこと、それが多くの人に使われ明治維新後に専門用語として確立し、さらに中国へと伝わっていったからである。

日本語学者の吉野政治氏は「「化石」の本質」という論文の中で、名詞用法としての「化石」は中国では確実な例がなく、江戸蘭学の造語であると考えた（『蘭書訳述語攷叢』）。氏は江戸時代における「化石」の用例を詳しく調べているので、今その主な書物と成立年を挙げておこう。

平賀源内『物類品隲』（一七六三）
木内石亭『雲根志』（一七七三）
森島中良『蛮語箋』（一七九八）

小野蘭山『本草綱目啓蒙』(一八〇三―〇六)
司馬江漢『天地理譚』(一八一六)
帆足万里『窮理通』(一八三六)
川本幸民『気海観瀾広義』(一八五一―五八)
広瀬元恭『理学提要』(一八五四)
幕府天文方『厚生新編』(一八一一―四六)

氏によれば、このうちもっとも早い例は平賀源内のものだという。「物類品隲《ぶつるいひんしつ》」とは「物産の品評」のことで、物産会に展示したものを紹介したものである。

この「化石」の構造に対して疑問を持った人がわたし以外にもいた。それは歌代勤《うたしろつとむ》・清水大吉郎・高橋正夫氏ら地学者である。彼らの著書『地学の語源をさぐる』には、「「化石」の語は日本でつくられた言葉で(漢語としては、こんな言葉はありえない)、……平賀源内や司馬江漢が使った例がもっとも古く知られている」とある。のち、筆者の一人、清水大吉郎氏は、「漢語では化為石とか化石という語はあっても、名詞としての化石という語はありえない」と述べている(『古典にみる地学の歴史』)。最初の部分は「化為石とか化石ということば（あるいはフレーズ）」はあってもというべきである。

†中国では「殭石」とも

中国では、イギリス人地質学者ライエルの『地学浅釈』（一八七三）が「化石」のことを「殭石《きょうせき》」と名づけた（写真参照）。「殭」とは「硬くなった」ということで、死後膠着した遺体は「殭屍」と呼ばれる。この「殭石」は『地学浅釈』の日本伝来（和刻〈日本で彫られた〉本は一八七九）とともに日本でも使用され、しばらくは「化石」「殭石」の併存状態が続いた。これはおそらく「化石」ということばの構造に違和感を抱いた人たちがいたということだろう。しかし「殭石」は、「殭」の字の特殊性から日本では定着しなかった。やがて、日本では、『鉱物字彙』（一八九〇）や『英和和英　地学字彙』（一九一三）といった学会の語彙集で、fossil の訳語として「化石」のみが採用された。

一方、中国で興味深いのは、ヘメリングの英漢辞典『官話』（一九一六）で、そこでは fossil の訳語として、「化石物」「殭石」がともに採られていることである。前者が「化石」でなく「化石物」としているのはつまり「石に化した物」ということで、「化石」だけでは語として成り立たないという認識があったのであろう。もっとも日本語の影響を受けた

『商務書館英華新字典』（一九〇九）には、「化石、掘出物」、民国初期の辞書『辞源』（一九一五）には「化石」が名詞として出ている。『地質鉱物学大辞典』（商務印書館、一九三〇）も「名詞」として採っている。

つまり、これらの辞書では日本語の影響を受け、「化石」をそのまま名詞として受容してしまったのである。

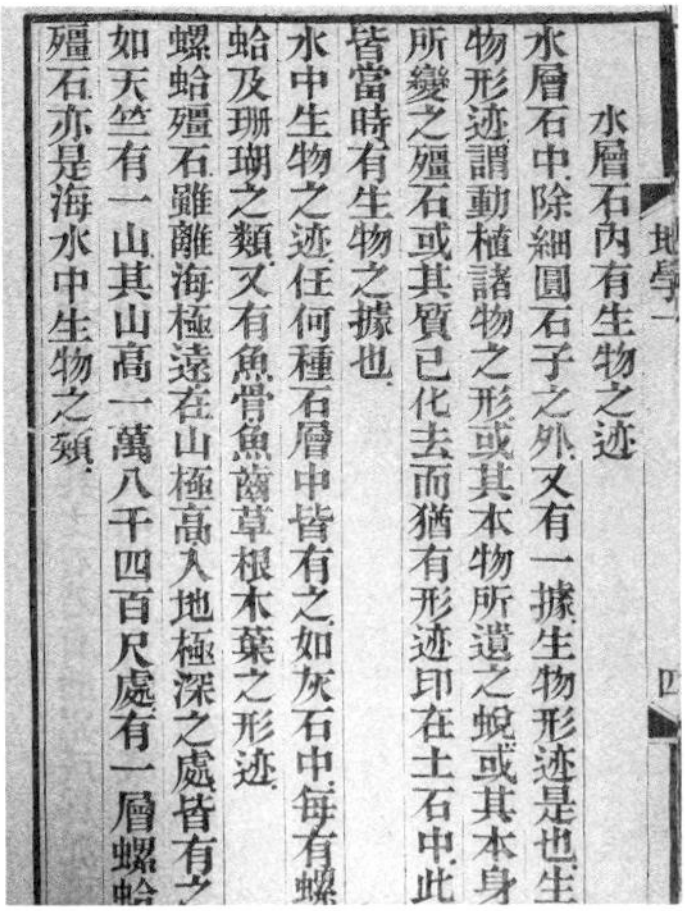
地學一　四

水層石內有生物之迹

水層石中除細圓石子之外又有一據生物形迹是也生物形迹謂動植諸物之形或其本物所遺之蛻或其本身所變之殭石或其質已化去而猶有形迹印在土石中此皆當時有生物之據也

水中生物之迹任何種石層中皆有之如灰石中每有螺蛤及珊瑚之類又有魚骨魚齒草根木葉之形迹

螺蛤殭石雖離海極遠在山極高入地極深之處皆有之如天竺有一山其山高一萬八千四百尺處有一層螺蛤殭石亦是海水中生物之類

『地学浅釈』「殭石」が確認できる

†「結晶」も日本人は名詞と誤解した

わたしは今述べたように「化石」は日本人が語構造を誤解したものと考えるのだが、これに類するものに「結晶」がある。よく考えてみると、これも本来フレーズで、「晶を結ぶ」という意味である。たとえば、ペリー来航時に通訳をした堀達之助の『英和対訳袖珍辞書』（一八六二）では、

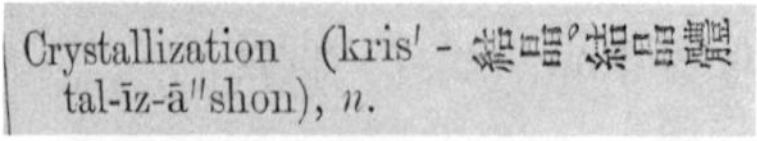
Crystallization (kris′-tal-īz-ā″shon), *n.* 結晶、結晶體

『附音挿図英和字彙』Crystallizationの項

Crystallize　結晶スル
Crystallization　結晶物

と動詞と名詞をはっきり分けている。ロプシャイトも『英華字典』（一八六六—六九）で、

Crystallization　結晶物
Crystallize　使結晶（結晶させる）
　結晶（結晶する）
to form Crystal　結晶（結晶する）

と「結晶」が「動詞＋目的語」というフレーズであることをはっきり認識している。しかし、江戸時代の蘭学者の中には「結晶」を名詞と思った人もいたし、明治の初めの『附音挿図英和字彙』初版（一八七三）では、

Crystallization　結晶、結晶体

と、名詞（結晶体）とフレーズ（結晶）を併せて出してしまった（写真参照）。こうして日本人は「結晶」も名詞と理解してしまったのである。

5　「手続」――中国語として不自然だが定着

†「手の続き」とはなに

中国語にも〝手続〟ということばがある。意味もほぼ同じである。しかし、考えてみれば不思議だ。「手」と「続き」を足して、日本語で「手続き」になるのも不思議だが、中国語としても〝手〟に〝続〟を足しても、まるで意味をなさない。しかし、このことばは『現代漢語詞典』にも採られている、正真正銘の中国語である。日本語の「手続き」は比較的新しいことばで、『日本国語大辞典』に出てくる例も江戸時代、しかも一八〇〇年代

のものである。

中華民国初期の辞書『辞源』（一九一五）には、

【手続】日本語。猶言程序。言弁事之規則次序。
（日本語。〝程序〟というようなもの。仕事をする際の規則や順序をいう）

と出ている。「手順」といった方がこの説明には近いが、〝手順〟は中国語には存在しない。

†なぜ違和感があっても使われるのか

民国四年、彭文祖《ほうぶんそ》という人は『盲人瞎馬之新名詞』（盲人、盲馬の新名詞）という本を書き、やたらと日本語をそのまま中国語の中に取り入れている現象を批判した。その中には、

取締　取扱　取消　引渡　引揚　手続　積極　消極　具体　抽象　目的
宗旨　権利　権力　義務　場合　手形　切手　代価　継承　経済　衛生
盲従　同化

などが挙がっている。このうち、「取扱」「引渡」「引揚」「手形」「切手」は中国語に入らなかったが、他はほぼ現代中国語の中に入った（「取締」は台湾で生きている）。

　では、これらの例のように中国語としてはおかしな結合が、なぜ使われるようになったのか。

　そもそも、ことばというものはいったんできてしまうと、要素の意味を問わなくなるものだ。たとえば、「下駄箱」「筆箱」「黒板」などは必ずしも下駄や筆だけを入れる箱ではないし、「黒板」も黒とは限らない。一種の化石化現象である。これは中国語でも同じで、今はスマホの時代なのに、電話をかけることを〝撥電話〟などという。〝撥〟とはダイヤルを回す動作である。また、電話を切ることは〝掛〟という。これは受話器を掛ける動作である。形態は変わっても、過去の動作をそのまま引き継いでいるのである。

　漢語の場合には、意味をいっそう意識しなくなる。わたしたちは「自動車」をいつも「自ら動く車」

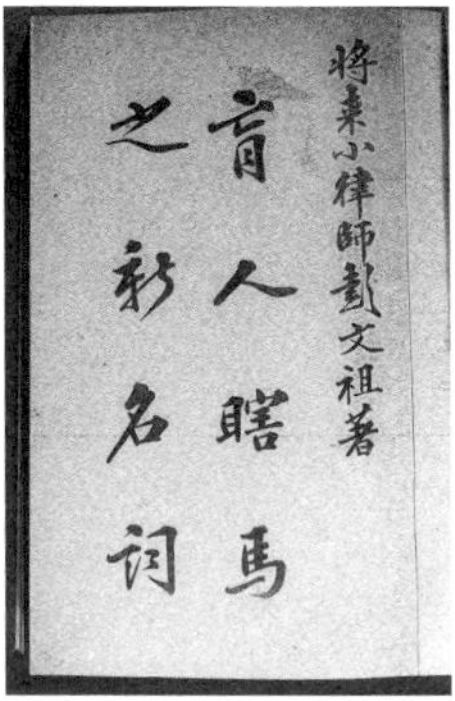

『盲人瞎馬之新名詞』扉

と意識しているわけではない。「扇風機」も「風をあおる（送る）機械」と思ってはいないだろう。それは幼児でも同じで、漢字を習っていなくても「きゅうきゅうしゃ」「しょうぼうしゃ」ということばの意味はわかる。「大学に入学する」とか「違和感を感じる」「必ず必要」「この門は一〇時に閉門します」も、よく考えると意味が重複しているのだが、わたしたちは、いわれなければ抵抗なく受け入れてしまう。

つまり、中国人も漢語を全体として受け入れる結果、よほどのことがないかぎり、部分の意味にこだわらず和製の漢語でも受け入れてしまうことになるのである（もっとも、先ほど述べたように「催事」「主催」のように受け入れなかった例もあるが）。

さて、この章では、日本から中国へ渡っていった漢語を追いかけてきた。これらもいわれてみなければ、日本でできたと考えられないものが多かったのではないだろうか。中国から伝わった漢語はある意味「外来語」である。それをあたかも日本語と疑わないように、中国人にとっても日本から伝わった漢語がどこでつくられたかは、よほど意識しないかぎり、あるいは説明を受けない限りわからないものである。日本語と中国語の漢語は、それほど区別のつかないものになっているのである。

【日中同形語の窓③】 子女／汽車

子女とは女子のこと？

「帰国子女」というと、テレビなどで目立つのが帰国女性のせいか、女性だけのことだと思っている人が多い。しかし、この場合の「子女」は「男子と女子」の意味で、「子」は男子のことである。なぜこんな誤解が起こるのか。それは、「良家の子女」という表現の存在が大きい。この場合の「子女」は「女の子」のことである。『大漢和辞典』や『漢語大詞典』を引くと、古く「子女」は男女の場合と女子だけの場合がある。女子は「妙齢の女性」と注釈されることもある。

日本での「良家の子女」も日本独自のものではなく、そうした古代中国語の例から習ったものだろう。

一方、『現代漢語詞典』には、〝子〟は「古くは男女を指したが、現在ではもっぱら息子を指す」と出ている。「現在ではもっぱら息子を指す」というのは、〝子女〟の〝子〟が男子という例を踏まえていっているのであろう。〝子〟は男子、〝女〟は女子なのだ。たしかに、中国人に〝子女〟の意味について聞いてみると、みんながみんな「男女」双方を指すと答える。

ただ、わたしがこの問題に最初にふれた『中国語を歩く』（東方選書、二〇〇九）の書評（『週刊読書人』二〇一〇年一月一五日）で、中国文学者の興膳宏《こうぜんひろし》氏は、

> 著者はことわざや古典での用例について「これ（子——荒川）は男だけではないのかという疑問に襲われる」と述べている。至極もっともな疑問だ。たとえば、「書聖」王羲《おうぎ》之《し》について、『晋書』は「七子有り」と記すが、これは男児だけの数で、王羲之自身は「児女帖」で、「吾に七児一女有り」と述べている。二十四史で「子」とあれば、男児に限られる。中国で出ているおおむねの辞書は説明を改めるべきだろう。

と述べている。二十四史は中国の歴代王朝の正統の歴史書で、前漢までの歴史『史記』から始まり『明史』で終わる。清朝の歴史は別に『清史稿』がある。

ちなみに、中国語では孫も男なら〝孫子〟、女なら〝孫女〟といって区別する。〝子々孫々〟というのも、本当は男だけの系統を述べたものである。

中国語の〝汽車〟の意味は？

中国語の〝汽車〟は「自動車」の意味で、日本語の「汽車」は中国語では〝火車〟という。これも日中同形語の違いとしてよく出される例だ。しかし、どうして同じ〝汽車〟が中国語では「自動車」になり、日本語では「汽車」になるのだろう。わたしはかつて中国語の〝汽車〟の〝汽〟とは〝汽油〟（ガソリン）のことで、〝汽車〟とは「ガソリンで走る車」の意味だと思っていた。今回、改めて調べてみると、どうもそうではないらしいことがわかってきた。

日本語の「汽車」は「蒸気車（蒸汽車）」の略だと考えられている（広田一九六九）。つまり「汽」は「蒸汽」の略である。これは問題ない。

では中国語の〝汽車〟の〝汽〟とはなにか。

自動車の歴史を調べてみると、まず蒸気自動車が一八世紀の末から一九世紀中葉にかけて開発された。イギリスの産業革命を大きく推進したワットによる蒸気機関の発明は一八世紀後半のことだが、自動車も最初は蒸気機関で走っていたのである。

しかし、自動車に蒸気機関を載せようとすると大型化するし、道路を傷める。また、沿道に石炭をまき散らす。それに、馬車組合の反対もあり、評判が悪かった。その後、電気自動車の時代もあったが、大きな蓄電池が必要だったし、一度の充電で走行できる距離も短かった。一九世紀中葉にこれに取って替わったのが内燃機関であった（影山一九九九）。

埒中禁止行人不放牛馬數里設一望臺臺上豎旗爲晝號懸
燈爲夜號車中人望旗燈爲安危若前途有險則懸紅燈紅旗
以警之御者卽制汽筋輪以住若覩旗燈色白則竟縱輪以過
疾行如飛人在車上臺中者彼此幾不能認面目其絕快之車
每一時辰能行四百二十里盡一晝夜共行五千零四十里以
萬里之路只兩日之程汽之爲用大矣現在英京有五車路通
行四方郡邑間遇朝廷有事報以電需（見電需論）數刻則衆國皆知
或欲召集籌謀駕彼汽車頃日而諸臣畢覲然而車行太疾道
路不無險阻故平常定限每時辰以行一百八十里起至二百
五十里止凡

『博物新編』“駕彼汽車”の部分（左から3行目）

一八七〇年代の中国では、「蒸汽エンジン（〝汽機〟）」に関する翻訳書が、『汽機発軔』（一八七一）『汽機必以』（一八七二）のように何種類も出ている。また、明治の初めに教科書としても使われたホブソン（Hobson 合信）の博物書『博物新編』一集（一八五五）に収められた「蒸汽論」にも、「汽とは熱の圧迫を受け上昇して気となったものをいう」という説明が見える。この「汽」も「蒸汽」のことである。

ところが、一九世紀中葉の中国では日本の「汽車」のことを〝火（輪）車〟と呼んでいた（現在「汽車」のことを〝火車〟と呼ぶのはここから来ている）。たとえば、『博物新編』、『地球説略』（一八五六）、『聯邦志略』（一八六二）等の漢訳洋書では、〝火（輪）車〟が用いられている。ただ、『博物新編』には、イギリスのロンドンで、宮廷になにかあれば電報で臣下に知らせる。そうすると、その日のうちに臣下たちは〝駕彼汽車〟（かの汽車に乗って）やってくるという記事もある。この〝汽車〟は〝蒸汽車〟（蒸気機関車）のことである。

中国における motor car の訳語

一方、「自動車」の発明はかなりおくれる。「自動車」の意味の motor car が『オックスフォード英語辞典』（OED＝*Oxford English Dictionary*）に現れるのは一九〇〇年のころである。石井研堂の『明治事物起源』（初版、一九〇八）には、明治三三年（一九〇〇）に在北米日本人会が皇太子に車を献納したという記事を載せている。

先に挙げたマティアの *Handbook of New Terms and Newspaper Chinese*（一九一七）には、motor car に、つぎの三つの訳語を載せている。

汽〔気〕車　自動車〔J〕　摩托車《モーターカー》

一九二七年の『綜合英漢大辞典』（商務印書館）や一九四八年の『増訂綜合英漢大辞典』でも、順序は違うが、同じ三つの訳語を載せている。

motorcar　摩托車、自動車、汽車

このうち、〝摩托車〟はのちに「オートバイ」の意味で使われるようになる。つぎの〝自動車〟はマティアの辞書では〔J〕、つまり日本語起源の印がついている。そして、三つ目に、最終的に残る〝汽車〟が来ている。〝汽車〟は、中華人民共和国ができるころまで、自動車の訳語としてまだ主流ではなかったのである。

では、〝汽車〟とはなにか。『博物新編』で出ていたように、〝蒸汽車〟のことなのか。そうすると〝汽〟は〝蒸汽〟のことになる。

ここで、もう一つ興味深い資料を挙げよう。それは、一九一五年に上海の商務印書館から出た『英華日用字典』である。この辞書にはa motor carの訳語として〝煤汽車〟を挙げている（写真参照）。〝煤汽〟とは石炭ガスのことである。そうすると、中国語の〝汽車〟の〝汽〟は「石炭ガス」のことになる。

mo′-tor, *n.* a mover, 動者; that which gives motion, 致動者; a dynamo, 發電機; an engine for propelling a vehicle on common roads without animal power (as by steam, oil [petrol], compressed air, *elec.*, etc.), 汽車機; a motor-car, 煤汽車: *adj.*: *v.* **(-tored, -tor-ing),** to travel by a motor-propelled vehicle (*esp.* a motor-car), 乘汽車而行. **motor-cab, motor-car, motor-carriage, motor-lorry, motor-vehicle,** *ns.* vehicles propelled by a motor, 汽車. **mo′-tor-**

『英華日用字典』a motor carは上から６行目

第三章

「半島」「回帰線」はどうできたか？

――日本での漢語のつくられ方

1 「半島」

第二章では、日本製の漢語（和製漢語）が中国へ伝わっていく様子を紹介した。この章では、日本で漢語がつくられるときの原理のようなものを二点に分けてお話ししたい。その一つは、江戸時代におけるオランダ語からの翻訳に典型的に現れたように、日本人は原語に沿った逐語訳を好むという点である。

もう一つは、和語（訓）で考え、それを音に変換して漢語とするものである。たとえば、「おおね（大根）」から「だいこん」が生まれるというものである。まず、日本語で考え（おおきい・ね）、それに当たる漢字を思い浮かべ（大きい根）、それを音《おん》読みしてつくる（大きい↓大《だい》、根↓根《こん》＝大根）という方法である。これについては、一六世紀にできた「回帰線」ということばを中心に紹介する。

それではまず、江戸時代におけるオランダ語からの翻訳について見てみよう。

†「半島」は一九世紀末の新語だった！

「半島」ということばは昔からあるように思うかもしれないが、日本でできたのは江戸時代、蘭学の時代である。そして、中国で広まったのは、日清戦争後（一八九五）の三国干渉で、日本が遼東半島を中国に返還した頃のことであった（劉建輝二〇〇三）。それまでは「朝鮮半島」も「アラビア半島」もなく、それらは単に「朝鮮」「アラビア（亜剌比亜）」と呼ばれていた。つまり、「半島」は中国では二〇世紀末になって広まった新語だったのである。

もっとも、イギリスが世界に誇る、語源辞書OEDによれば、「半島」の原語に当たるラテン語、paeninsulaは一五三八年にできている。この英語形はpeninsula。peninsulaのpeneは「ほとんど」、insulaは「島」で、全体は「ほとんど島」。「島のようなもの」という意味である。しかし、ここからだと「半島」という訳にはすぐに結びつかないだろう。

では、「半島」はどういう発想から生まれたのか。それは、オランダ語halfeilandの逐語訳としてできたと考えるのが合理的である。江戸時代、日本がオランダと交易していたことを思い出してほしい。halfは英語のhalfと同じで「半分」、eilandは英語のislandで「島」、つまり「半島」はhalfeilandというオランダ語を逐語訳してできた語なのである。

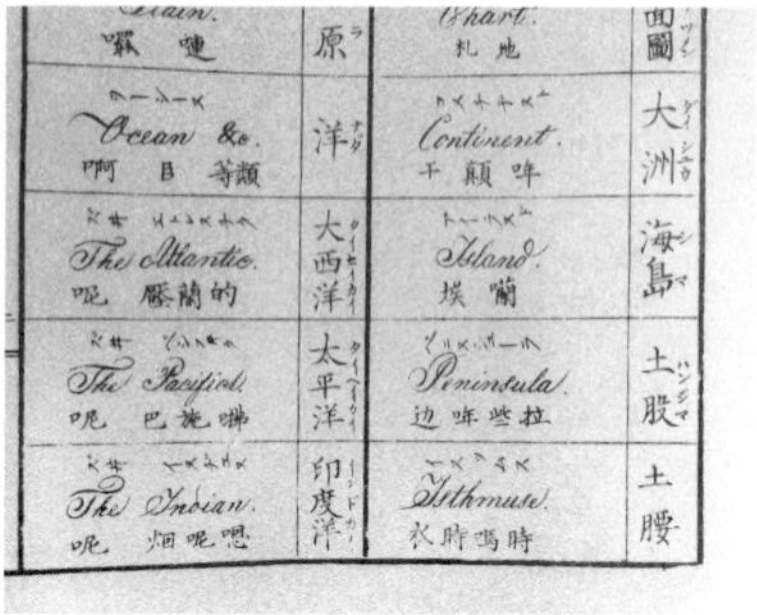

『増訂華英通語』右四段目に「土股」がある

もっとも、最初から「はんとう」と読まれたかどうかはなんともいえない。あるいは「はんしま・じま」であったかもしれない。というのは、福沢諭吉は、一八六〇年に咸臨丸《かんりんまる》でアメリカへ行った際購入した「清人子卿」の『華英通語』に訳をつけて『増訂華英通語』（一八六〇）として出版したが、これには、「半島」の中国語訳である「土股」を「ハンジマ」と読んでいるからである（写真参照）。いわゆる重箱読み（音《おん》読み＋訓読み）である。

江戸蘭語学の二つの潮流

では、「半島」はだれがつくったのか。それは江戸時代の日本の蘭学者たちであった。

江戸時代、オランダ学は長崎と江戸で生まれた。当時、日本は鎖国をしていたとはいえ、オランダと中国からは書物やものが日本へもたらされていた。イエズス会を主とする、ポルトガルやスペインの宣教師、商人たちはすでに日本での足場を失い、祖国へ引き揚げていた。それに代わって出てきたのがプロテスタントの国、オランダであった。当時オランダは強国であった。オランダからは百科辞書や天文、地理、物理等の書物の原書が日本へ輸入された。日本人はこれらの書物を必死で日本語へ訳そうとした。

長崎では本来「出島」でのオランダとの交易に携わる通詞（通訳）が養成されていたが、かれらのうち、志筑忠雄《しつきただお》、吉雄耕牛《よしおこうぎゅう》、本木良永《もときよしなが》らは、通詞業のかたわらオランダの自然科学の原書の翻訳に携わり、多くの訳語を生み出した。たとえば、志筑忠雄は、

重力　速力　弾力（『求力（法）論』一七八四）
引力　遠心力　求心力　圧力（『暦象新書』一八〇〇）

などの用語をつくりだした。「引力」についていえば、

Aantrekking（引く）＋kracht（力）→引力

のように、オランダ語の各要素を漢字一字一字に対応させたもので、ある意味訳しやすいものであった。ほかにも、

Zwaarte（重さ）＋kracht（力）→重力

などがある。

もう一つの蘭学の拠点である江戸の蘭学者たちも、同じような方法でオランダ語を日本語に訳した（斎藤一九六七・杉本二〇一五）。たとえば、

Zuur（酸）＋stof（素）→酸素（『遠西医方名物考補遺』一八三四）
Water（水）＋stof（素）→水素（『遠西医方名物考補遺』一八三四）
Stik（窒息させる）＋stof（素）→窒素（『遠西医方名物考補遺』一八三四）
Kool（炭）＋zuur（酸）→炭酸（『遠西医方名物考補遺』一八三四）
Still（静）＋zee（海）→静海（太平洋のこと）（『泰西輿地図説』）

『遠西医方名物考補遺』は、宇田川榛斎《うだがわしんさい》、宇田川榕菴《ようあん》等によるオランダ薬物書の訳で、とりわけ、その「補遺」には現在につながる元素名がたくさん出てくる。『泰西輿地図説《たいせいよちずせつ》』

は丹波福知山藩主の朽木《くちき》昌綱《まさつな》が編訳した世界地理書である。なお「泰西」とは西洋のこと。

江戸の蘭学者たちは、不定期に将軍に拝謁するオランダ商館長一行と接する機会を除き、ふだんはオランダ人と直接接する機会がなく、彼らの学問はいわば机上の学問ではあったが、前野良沢のように長崎へ留学するものも現れた。良沢は力をつけ、のち、杉田玄白らと解剖書、いわゆるターヘル・アナトミアを『解体新書』として翻訳した。ほとんど辞書もなかった中、オランダ語の原書を訳すのは、実に「櫓《ろ》舵《かじ》なき船の大海に乗り出せしが如く」(『蘭学事始』)であったという。

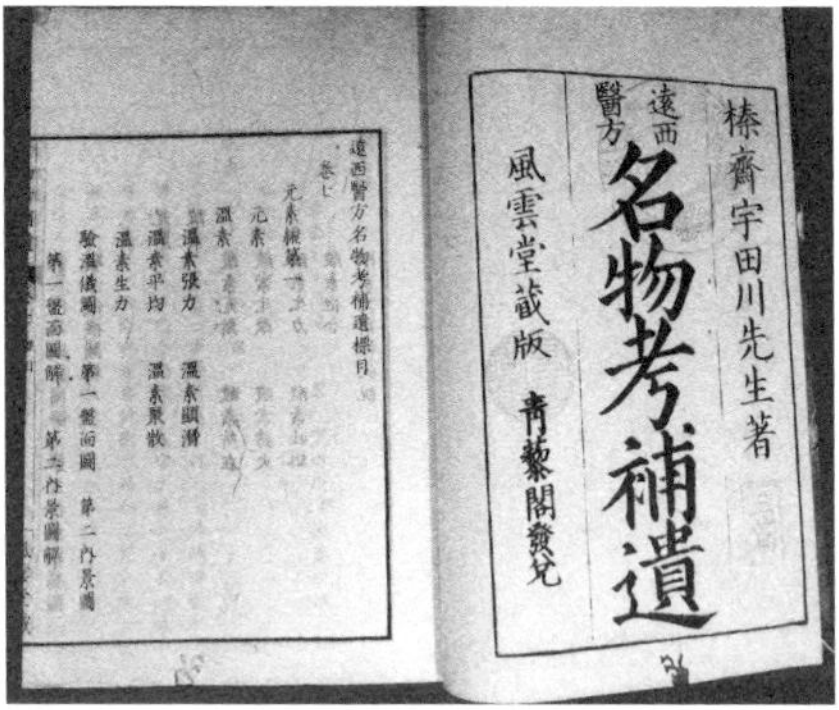

『遠西医方名物考補遺』

かれらの訳した医学用語の翻訳法もやはり、逐語法であった。たとえば、以下のようなものがある。

Twaalf(十二)+vingerigen(指)+darm(腸)→十二指腸

Net(網)+vlies(膜)→網膜

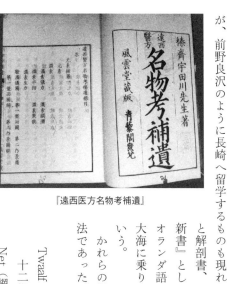

Trommel（太鼓）＋vlies（膜）→鼓膜
Nacht（夜）＋blind（盲）（heid〔症〕）→夜盲（症）

蘭和辞書の流れ

江戸時代の蘭学者たちは、翻訳の手段として文法書と辞書をつくった。そのうち蘭和辞書には長崎系と江戸系がある。長崎系では、出島のオランダ人がイギリスとの戦争で帰ることができなかった期間を利用して、商館長ヅーフが長崎の通詞らを集め編集した蘭日辞典『ヅーフハルマ（長崎ハルマ）』（一八一六）が有名である。江戸系では、前野良沢、その弟子大槻玄沢《おおつきげんたく》、石井《いしい》恒《つね》右衛門《えもん》、稲村三伯《いなむらさんぱく》らが中心となって編んだ『江戸ハルマ（ハルマ和解）』（一七九六）がある。

『ヅーフハルマ』については、福沢諭吉が大坂の緒方洪庵《おがたこうあん》の適塾でオランダ語の修業をしていたとき、会読《かいどく》（読み合わせ）の前の夜は塾生たちが、この辞書がただ一冊しかない「ヅーフ部屋」に籠もって予習をしていたことを述べている（『福翁自伝』）。『江戸ハルマ（ハルマ和解）』だけでなく、『ヅーフハルマ』も手書きの原稿のままであった。したがって、『ヅーフハルマ』を公刊（版木に彫って印刷）することは蘭学者たちの悲願であったが、幕府はこれをなかなか許さなかった。最終的に許されたのは、御殿医であった桂川甫周《かつらがわほしゅう》（国瑞《くにあきら》）が幕府に願い出てからのことで、一八五八年にようやく『和蘭字彙』として公刊された。

一方の『江戸ハルマ』はそれが大部であったことから、稲村三伯の弟子、山城国の藤林《ふじばやし》普山《ふざん》が簡約版『訳鍵《やくけん》』（一八一〇）を編み、のち福井の大野藩でこれを増補して『増補改正訳鍵』（一八六四）をつくった。後者は先の『和蘭字彙』をも参考にしている。

あと、長崎では一八〇八年に、オランダ船拿捕を目指して長崎港に闖入したイギリス船の事件（フェートン号事件）を契機に英語学が興ると、『諳厄利亜《あんぐりあ》興学小筌《こうがくしょうせん》』（一八一一）、『諳厄利亜語林大成』（一八一四）などがつくられたが、これらは草稿のみで公刊にはいたらなかった。江戸末期の文久二年（一八六二）に出た『英和対訳袖珍辞書』と同じく、これらの中にも「半島」のように蘭学系の訳語が取り入れられている。

『増補改正訳鍵』扉

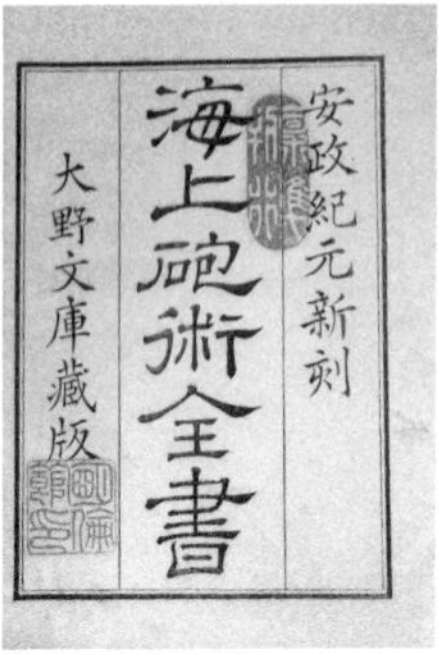

『海上砲術全書』扉

幕府の翻訳事業

江戸の蘭学は、天才語学者といわれた馬場佐十郎が一八〇八年に長崎から江戸へ召喚され、幕府の官学の中核になると急速な発展を遂げることになる。幕府は天文方に蛮書《ばんしょ》和解《わげ》御用《ごよう》（一八一一）をつくり、馬場や大槻玄沢をその中心にすえ、多くの翻訳事業を開始した。翻訳所は、蛮書和解御用（一八一一）→洋学所（一八五五）→蕃書調所《しらべしょ》（一八五六）→洋書調所（一八六二）→開成所（一八六三）と名前を変え、最後は東大へと引き継がれた。

天文方がやった翻訳事業で特筆すべきものには、百科事典の翻訳『厚生新編』や砲術書の翻訳『海上砲術全書』（一八五四）などがある。中でも前者の作業は幕府倒壊まで数十年にわたって続けられた。後者はオランダ兵書の翻訳で、原書が一冊しかなかったことから、六つに分けて翻訳し、福井の大野藩から刊行された。幕末の大野藩は西洋学問の摂取に熱心で、先に挙げた『増補改正訳鍵』も大野藩の刊行である。

†清朝との貿易、書物の流入

当時、清朝は禁輪政策を取っていたが、緩んだ時期もあるし、密貿易、あるいは東南アジアを経由しての日本との貿易が行われ、清朝から生糸、織物以外にも、大量の書物がもたらされた（大庭一九六七・一九九七）。これらの中には、中国で活躍したイエズス会宣教師と中国人協力者の翻訳書（漢訳洋書）が多く含まれていた。もちろん、日本はキリスト教に関わる書物には目を光らせ、書物改役《あらためやく》という役職を設け厳しい監視を行った。

しかし、吉宗の時など禁書の制限が緩んだ時期があり、アレニの世界地理書『職方外紀』などは刊本が出なかったので、人々は書写し、写本というかたちで広く読まれた。たとえば、東北大学の吉田忠氏らの調査（吉田一九八八）では、二〇種もの写本が挙げられている。これ以外にも戦前を代表する東洋地理学者である鮎沢信太郎は一六種も写本を持っていた（横浜市立大学『鮎澤信太郎文庫目録』）。また、魯迅に師事した中国文学者の増田渉も四種持っていた（『増田渉文庫目録』）。

イエズス会宣教師マッテオ・リッチは中国を中心に据えた世界地図を何種もつくったが、その代表作である一六〇二年万暦《ばんれき》版は日本に三セットも残っている。これも江戸時代にもたらされたものである（これらについては、第四章で詳しく述べる）。

　このほか、どんな書物がつたわったかについては、関西大学にいた大庭脩氏の『江戸時代における唐船持渡書の研究』や『漢籍輸入の文化史』に詳しい。禁書指定にされた本では、『職方外紀』やマッテオ・リッチの『天主実義』や『幾何原本』（ユークリッド幾何学）、『交友論』などがある。『天主実義』はまさにキリスト教の教理を説いたものだが、他の書物は必ずしもそうではない。また、幕末になるとアヘン戦争の教訓を踏まえた魏源《ぎげん》の『海国図志』六〇巻本なども伝わり、これらの一部は、和刻本がつくられ、幕末の日本人が世界情勢を知るのに大いに役立った。

海國圖志原敘
海國圖志六十卷何所據一據前兩廣總督林尚書所譯西夷之四洲志再據歷代史志及明以來島志及近日夷圖夷語鉤稽貫串創榛闢莽前驅先路大都東南洋西南洋增於原書者十之八大小西洋北洋外大西洋增於原書者十之六又圖以經之表以緯之博參群議以發揮之何以異於昔人海圖之書曰彼皆以中土人譚西洋此則以西洋人譚西洋也是書何以作曰爲以夷攻夷而作爲以夷款夷而作爲師夷長技以制夷

『海国図志』60巻本

†「半島」をつくった人々

話をもどそう。「半島」をつくったのは、前野良沢の弟子の大槻玄沢の塾、芝蘭堂《しらんどう》に集まる蘭学者たちであった。

　わたしはこれまでその初出は、玄沢門下の俊才、土浦（茨城）の山村才助《やまむらさいすけ》の『訂正増訳《ていせいぞうやく》采覧異言《さいらんいげん》』（一八〇二頃）だと思っていた（荒川一九九七）。本書は新井白石がイタリア人漂流者シドッチを訊問して作成した『采覧異言』（一七一三序）を一〇倍にも増補した、詳しい世界地理、地誌の本である。しかし、のち、大阪大学の田野《たの》村忠温《むらただはる》氏から、それよりも前に出版された桂川甫周の『翻訳地球全図略説』（『新制地球万国図説』とも、一七八六）にも「半島」が出ていることの指摘を受けた。

江戸小塚原での腑分け（解剖）に立ち会ったのは杉田玄白や前野良沢らであったが、

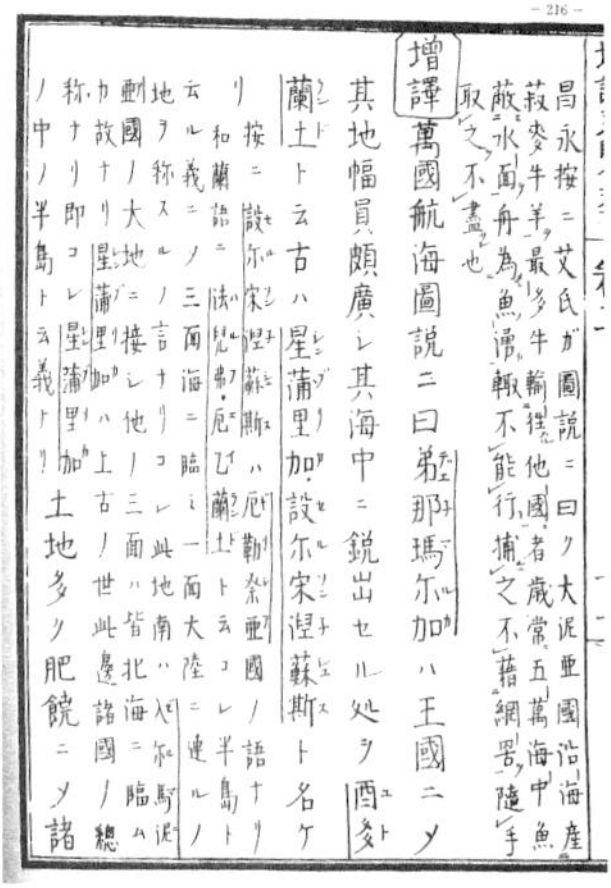
－216－
昌永按ニ艾氏ガ圖説ニ曰ク大泥亜國沿海産
菽麦牛羊最多牛輸往他國者歳常五萬海中魚
蔽水面舟為魚滞輙不能行捕之不措網罟随手
取之不盡也
増譯 萬國航海圖説ニ曰第那瑪爾加ハ王國ニメ
其地幅員頗廣シ其海中ニ鋭出セル処ノ酉多ト
蘭土ト云古ハ星蒲里加設爾宋涅蘇斯ト名ケ
リ按ニ設爾宋涅蘇斯ハ厄勒祭亜國ノ語ナリ
和蘭語ニ法児彌・厄乙蘭土ト云コレ半島ト
云ル義ニノ三面海ニ臨ミ一面大陸ニ連ルノ
地ヲ称スルノ言ナリコレ此地南ハ入爾馬泥
斯國ノ大地ニ接シ他ノ三面ハ皆北海ニ臨ム
カ故ナリ星蒲里加ハ上古ノ世此邊諸國ノ總
称ナリ即コレ星蒲里加土地多ク肥饒ニメ諸
ノ中ノ半島ト云義ナリ

『訂正増訳采覧異言』引用部は左から７行目より

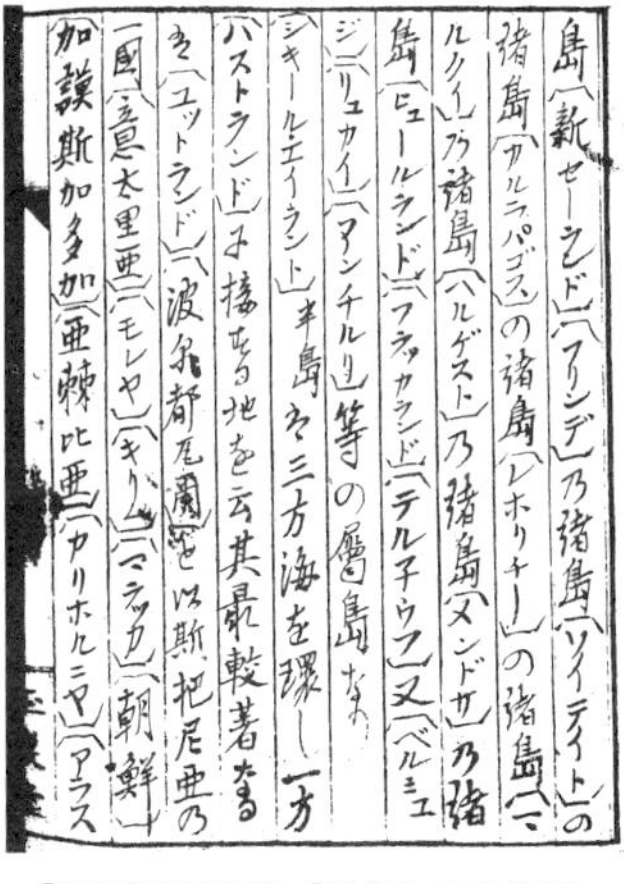
島（新セーランド）（アリンデ）乃諸島（ソイテイト）の
諸島（カルラパゴス）の諸島（レホリチー）の諸島（ヘ
ルクイ）乃諸島（ヘルゲスト）乃諸島（ヌンドサ）乃諸
島（ヒュールランド）（フラッカランド）（テルテウフ）又（ベルミユ
ジ）（リュカイ）（アンチルリ）等の属島なあ
（シキールエイランド）半島ハ三方海を環し一方
（ハストランド）を接する地を云其最較著なる
ハ（ユットランド）（波尔都瓦爾）を以斯把尼亜の
一國（意太里亜）（モレヤ）（キリム）（マラッカ）（朝鮮）
加摸斯加多加（亜辣比亜）（カリホルニヤ）（アラス

『新釈輿地図説』「半島」は６行目

『解体新書』（一七七四）には、「杉田玄白訳、中川淳庵校、石川玄常参、桂川甫周閲」とあり、良沢の名は出ていない。それはともあれ、甫周は良沢や玄沢、芝蘭堂《しらんどう》の人々とのネットワークの中にあった。したがって、そのうちのだれが「半島」を考案したか決定的なことはいえないが、オランダ語の逐語訳として、だれがその語をつくったとしても、おかしくなかったわけである。

「半島」について、山村才助の『訂正増訳采覧異言』（輿地総叙）にはつぎのようにある。

> 和蘭語ニ法児弗・厄乙蘭土ト云コレ半島ト云ル義ニシテ三面海ニ臨ミ一面大陸ニ連ナルノ地ヲ称スルノ言ナリ（巻二―一二ウ）
> （オランダ語にハルフ・エイランドという。これは半島という意味で、三方が海に面し、一方が陸地に連なっている土地のことを呼ぶことばである）

こうしてつくられた「半島」は、その後多くの書物に登場することになる。

たとえば、青地林宗《あおちりんそう》『輿地誌《よちし》』首巻《しゅかん》（一八二七）、小関三英《こせきさんえい》『新撰地誌』（一八三六）、渡《わた》辺崋山《なべかざん》『新釈輿地図説』にも「半島」が見える（前頁写真参照）。三英は崋山のオランダ語のブレーンで、崋山の著は三英の翻訳を元に書き直したものである。崋山は幕末、愛知県田原藩の家老で、モリソン号事件に端を発した蛮社の獄にかかわり自害した。画家でもあるが、多くの開明的な著作を残している。

さて、辞書では、桂川家が関わった『和蘭字彙』（一八五五―五八）に、

eiland
Den half eiland.　schiereiland　半嶋　三方ニ海ヲウケタル国
half eiland　半嶋　三方ニ海ヲ請テ居ル国
schiereiland　なし

と見える。『和蘭字彙』を下敷きに、江戸蘭語学を集大成した『英和対訳袖珍辞書』（一八六二）にも、当然ながら、「Peninsula　半島」とあり、「半島」は継承されている。

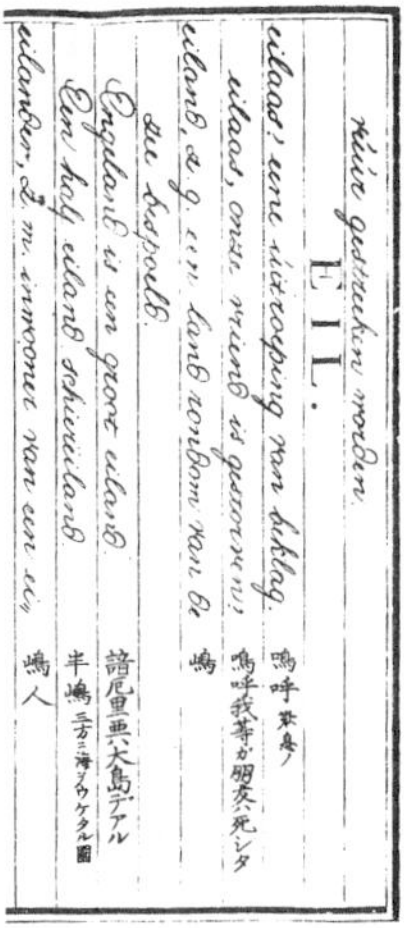
EIL.
eilaas! een uitroeping van beklag.　嗚呼 歎息ノ
eilaas, onze vriend is gestorven!　嗚呼我等ガ朋友ハ死シタ
嶋
Engeland is een groot eiland.　諳尼里亜ハ大島デアル
Een half eiland schiereiland　半嶋 三方ニ海ヲウケタル國
嶋人

『和蘭字彙』の一部

†日清戦争以前に中国へ

ところで、この「半島」は日中の語彙交流史では特異な位置を占める。先にわたしは、和製か中国製かを見る上で鍵となる辞書にロプシャイト『英華字典』があるといった。ロプシャイト『英華字典』は香港で一八六六―六九年に、最初四分冊として出版されたものである。これは、日本からの本格的な近代用語の移入が始まる日清戦争後の一八九五年より三〇年も前のことである。そこでわたしは、この辞書にあればほぼ中国製だと考えていいと思ってきた。おそらく、他の研究者たちもそうであろう。ところが、日本初の本格的英和辞典『英和対訳袖珍辞書』(一八六二)にある「半島」が、ロプシャイト字典にもあることがわかったのである(写真参照)。つまり、日本から清へ本格的に近代用語の移入が始まる前に、「半島」という語は清へ入っていたということになる。

これを最初に同時に言い出したのは、わたしと那須雅之で、それは一九九六年の一二月に開かれた第三回近代中国語研究会(愛知大学)でのことであった。わたしは最初、ドイツ人であるロプシャイトにとって「半島」のドイツ語はHalbinselであり、それは直訳するとまさに「半分の島」であるから、ロプシャイトが自分で訳すこともできると考えた。

それに対し、那須はロプシャイトが堀達之助が編んだ『英和対訳袖珍辞書』を手に入れ、そこから「半島」を採用したという説を発表した。

　これは結果的には那須が正しかった。というのは、堀とロプシャイトは日本で出会っていたのである。

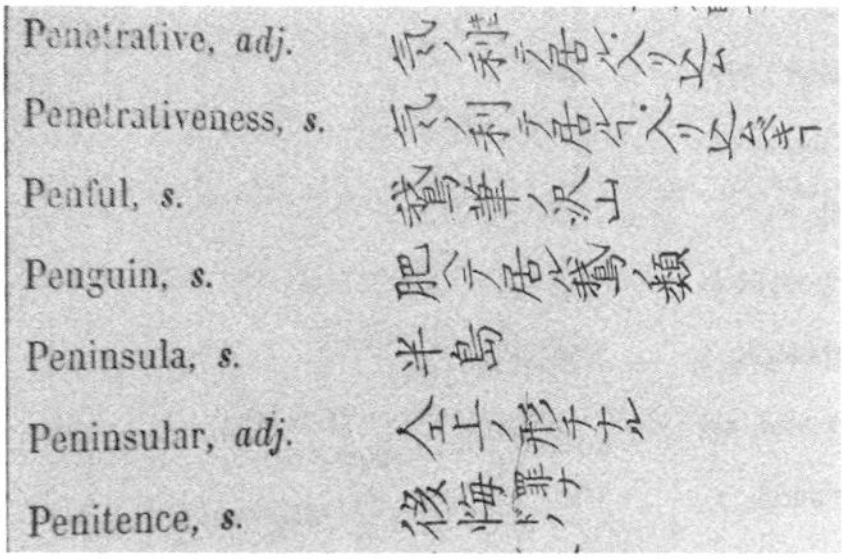
Penetrative, *adj.* 気ノ利テ居ル入リ込ム
Penetrativeness, *s.* 気ノ利テ居ルヿ入リ込ムヿ
Penful, *s.* 鵞筆ノ汲込
Penguin, *s.* 肥ヘテ居ル鵞鳥ノ類
Peninsula, *s.* 半島
Peninsular, *adj.* 全キ島ノ形チナル
Penitence, *s.* 後悔ト罪ノ

『英和対訳袖珍辞書』の「半島」

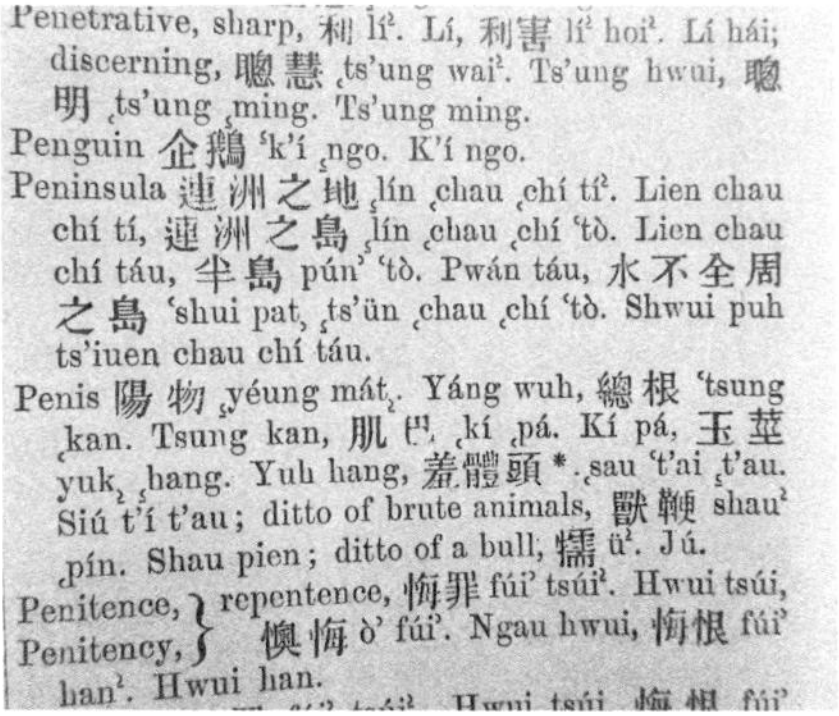
Penetrative, sharp, 利 lí². Lí, 利害 lí² hoi². Lí hái; discerning, 聰慧 ˏts'ung wai². Ts'ung hwui, 聰明 ˏts'ung ˏming. Ts'ung ming.
Penguin 企鵝 ʻk'í ˏngo. K'í ngo.
Peninsula 連洲之地 ˏlín ˏchau ˏchí tí². Lien chau chí tí, 連洲之島 ˏlín ˏchau ˏchí ʻtò. Lien chau chí táu, 半島 pún² ʻtò. Pwán táu, 水不全周之島 ʻshui pat˛ ˏts'ün ˏchau ˏchí ʻtò. Shwui puh ts'iuen chau chí táu.
Penis 陽物 ˏyéung mát˛. Yáng wuh, 總根 ʻtsung ˏkan. Tsung kan, 肌巴 ˏkí ˏpá. Kí pá, 玉莖 yuk˛ ˏhang. Yuh hang, 羞體頭 *. ˏsau ʻt'ai ˏt'au. Siú t'í t'au; ditto of brute animals, 獸鞭 shau² pín. Shau pien; ditto of a bull, 犞 ü². Jú.
Penitence, Penitency, } repentence, 悔罪 fúi² tsúi². Hwui tsúi, 懊悔 ò² fúi². Ngau hwui, 悔恨 fúi² han². Hwui han.

ロプシャイト『英華字典』の「半島」

堀達之助（国際日本文化研究センター蔵）

ただ、それは那須がいうように（那須一九九八）、ペリーの来航時（一八五三・一八五四）ではなく、ペリーが結んだ日米和親条約の批准書交換時（一八五五）のことであった。この時、互いに条約文を検討したロプシャイトは、堀にメドハーストの『英華・華英辞典』まで贈っている。そのうち、『英華辞典』の方は静岡県立図書館葵文庫、『華英辞典』は函館市立図書館にある。わたしはたまたま函館に遊んだ際、特にお願いして、この『華英辞典』を見せてもらったことがある。また、ロプシャイトがのち購入した堀の『英和対訳袖珍辞書』は現在アメリカ・ペンシルバニア州のリーハイ大学にあることがわかっている（堀・遠藤一九九九）。

†訓で考え音に返す

さて、冒頭で述べた、日本で漢語がつくられるもう一つの流れである、日本語で考え、音に返し漢語をつくる方法について考えてみよう。

日本人が漢語をつくる場合、「激辛」「激甘」「激写」の「激」のように、音読みの要素をそのまま使ってつくるケースがあり、最近ではこちらの方が盛んかもしれない（ほかにも「婚活」「就活」「終活」などの「活」など）。しかし、同時に、日本語で考え、それに当たる漢字を思い浮かべ、それを音読みするという方法も昔からあった。先に挙げた「おおね」をダイコン（大根）と読むのは比較的有名だ。ほかにも、「出張《でば》る」から「出張」が生まれたとか（ただし現代語と違い、軍勢が「出張る」〈出かける〉のような使い方をする）、「さわやま」から「沢山《たくさん》」が生まれたとか、「文書（＝案）の中」から「案内」が生まれたとか（以上佐藤喜代治一九七九）、「心配り」を日本式の語順にして「心配」が生まれたかである（『日本国語大辞典』）。

「心配」は漢語の語順からすると、「読書」（書を読む）と同じく「動詞＋目的語」の語順にして「配心」とならなければならないがそうなっていない。これは漢語の本来の語順を無視したものである。

このような漢語の本来の語順を無視したものに、

足温（器）、草食（動物）、盲導（犬）、券売（機）などがある。ただし、お気づきかもしれないが、これらは「足温」「券売」だけでは使えず、右の（ ）の中のように、他の一字の漢語要素をくっつけることで成立しているものが多い。本来、それだけ不安定な語順だということである。

2 「回帰線」

†「回帰線」はどのようにして生まれたか

さて、歴史的に日本語（訓）で考え音《おん》で読むことで成立した漢語として「回帰線」を取り上げてみたい。どうして、こんな特殊なことばを取り上げるかというと、「回帰線」は第四章で取り上げる「熱帯」とともに、わたしの『近代日中学術用語の形成と伝播――地理学用語を中心に』で詳しく解説したことばだからである。

「回帰線」には「北回帰線」と「南回帰線」がある。ともに、小説や映画のタイトルにもなっているからご覧になった方もいるだろう。なにか人のロマンをかき立てることばである。それぞれ南北緯度二三度二七分の線で、夏至の日に太陽が真上に来るのが「北回帰線」、冬至の日に太陽が真上に来るのが「南回帰線」である。身近な例でいえば、「北回帰線」は台湾の嘉義《かぎ》あたりを走っている架空の線である。この「回帰線」から赤道までの地帯が「熱帯」である。

結論からいうと、わたしは、「回帰線」は「めぐりかえる」に「回帰」を当て、「線」と組み合わさってできたものであると考えている。

わたしがなぜ「回帰線」にこだわるかというと、このあとの第四章でお話しする「熱帯」は、イエズス会師のマッテオ・リッチの著作の中に出てくるのに、「回帰線」は出てこなかったからである。では、どこに出てくるかというと、リッチが『乾坤体義《けんこんたいぎ》』を著す際、原本としたペドロ・ゴメスの『天球論』の日本での訳『二儀略説《にぎりゃくせつ》』の中である。言い換えると、もともとペドロ・ゴメスの『天球論』があり、これを中国語に訳したのが『乾坤体義』、日本語に訳したのが『二儀略説』というわ

『羅葡日対訳辞書』扉

けである（『二儀略説』は内閣文庫に伝わる写本が一冊あるだけの稀覯書《きこうしょ》であるが、現在『日本思想体系』（岩波書店）で読むことができる）。

しかし、『二儀略説』に「回帰線」が出てくるとして、これがどうやってつくられたかは別の問題である。その際わたしがヒントとしたのは、同じ、イエズス会師たちがつくった辞書、ラテン語・ポルトガル語・日本語の対訳辞書『羅《ら》葡《ぽ》日《にち》対訳辞書』（一五九五）の「回帰線」の原語（Tropici）とその解釈であった。そこには、つぎのように出ていたのである（写真参照）。

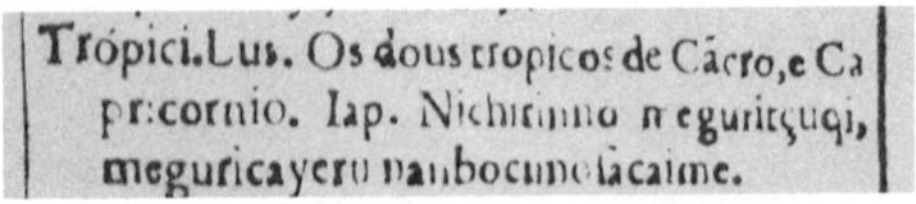
Trópici.Lus. Os dous tropicos de Cácro,e Ca
pricornio. Iap. Nichirinno meguritçuqi,
meguricayeru nanbocuno facaime.

『羅葡日対訳辞書』Tropici

Tropici　ニチリンノ　メグリツキ、メグリカエル　ナンボクノサカ
イメ
（原文　ローマ字）＝日輪の　回《めぐ》りつき、回《めぐ》り帰る　南北の
境目

わたしは『二儀略説』の中の「めぐる」と「かえる」の用字法を詳査し、これに「回

帰」を当てるのがもっともふさわしいという結論に達した（荒川一九九七）。

では、「線」はもともとlineの意味であったのか。「線」は現代中国語でもそうだが、本来「糸」の意味であった。現代中国語で〝毛線〟といえば「毛糸」のことであり、〝糸〟は「絹糸」のことである。しかしこの〝線〟は、リッチの他の翻訳書、たとえばユークリッド幾何学の翻訳である『幾何原本』ではすでに「直線」「曲線」「平行線」のようにlineの意味で使われていた。『二儀略説』の翻訳者は、この「回帰」と漢語要素である「線」を結びつけて「回帰線」をつくったのである。

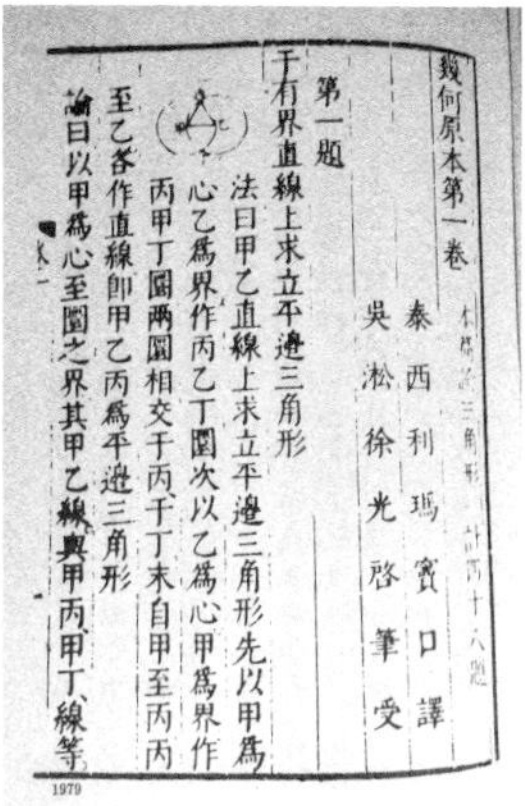
幾何原本第一巻
泰西利瑪竇口譯
呉淞徐光啓筆受
第一題
于有界直線上求立平邊三角形
法曰甲乙直線上求立平邊三角形先以甲爲心乙爲界作丙乙丁圜次以乙爲心甲爲界作丙甲丁圜兩圜相交于丙于丁末自甲至丙丙至乙各作直線卽甲乙丙爲平邊三角形
論曰以甲爲心至圜之界其甲乙線與甲丙甲丁線等

『幾何原本』「直線」「三角形」が見える

†長崎から江戸、そして中国へ

この「回帰線」はもともと長崎のイエズス会の学校（コレージョ）で翻訳されたものである。それがどうやって江戸へ伝わり、さらに中国へ伝わったのか。ここで簡単にその伝播過程を紹介しておきたい（荒川一九九七）。

「回帰線」は一七世紀の後半に成立したとされる『二儀略説』に見えるが、それ以後一世紀の間は姿を消す。それが再び姿を見せるのは、本章でも紹介した、科学書の翻訳ができる長崎通詞、すなわち、本木良永らが登場してからのことである。良栄の著作は書物（刊本）としては出ていないが、草稿や写本から、かれが「回帰線」あるいは「回帰輪」を使ったことがわかっている（荒川一九九七）。しかも、この訳語は同じ通詞仲間である松村元《まつむらげん》綱《こう》からの影響であることもわかっている。元綱らは『二儀略説』の訳稿をなんらかのかたちで目にしていたのであろう。

そして、この「回帰線」を長崎から江戸の蘭学者たちの中へ持ち込んだのが林子平《はやししへい》であった。林子平は『海国兵談』『三国通覧図説』の著者として世に知られている（もっとも、かれの著作は「人心を紊乱《びんらん》するもの」として松平定信の譴責に遭い、子平は蟄居させられ翌年六五歳で亡くなるのだが）。

林子平の著のうち「回帰線」が現れるのは『三国通覧図説』の方である。そして、この子平の著に序を書いたのは、先にも述べた桂川甫周であった。

実は、甫周がそれまで知っていたのは、マッテオ・リッチの『坤輿《こんよ》万国全図』（一六〇二）起源の、「昼長線　昼短線」と、「夏至規　冬至規」という名称であった。甫周が子平の『三国通覧図説』に出ている、「巨蟹《きょかい》回帰線　磨羯《まかつ》回帰線」を見て、子平にその由来を質《ただ》すと、これは長崎通詞たちに伝わる訳語であることがわかった。甫周はそこで、自らの著の草稿『翻訳地球全図略説』（『新制地球万国図説』）の、「昼長線　昼短線」「夏至規　冬至規」に「巨蟹回帰線」「磨羯回帰線」を書き加えたのである（荒川一九九七）。なお、「巨蟹」とは蟹座、「磨羯」とは山羊座のことである。

そして、この「回帰線」を継承したのが、先に述べた山村才助らであり、のちの幕府天文方に集まる人々であった。もっとも、天文方では、蘭学系世界図としては「最高の作品」といわれる高橋景保《たかはしかげやす》の『新訂万国全図』（一八一〇）が「夏至規、冬至規」を採用し、その影響力が後の世まで及んだためか、「回帰線」は明治も二〇年代になるまで主流の位置を得ること

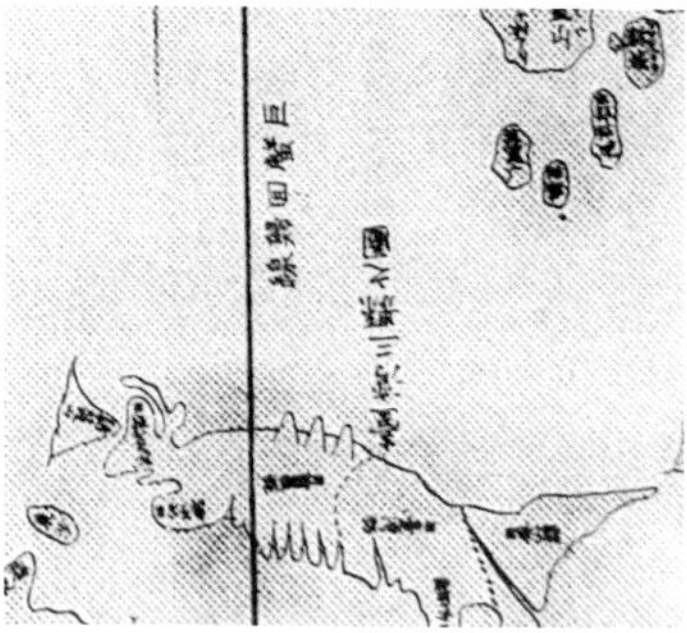

『三国通覧図説』「巨蟹回帰線」

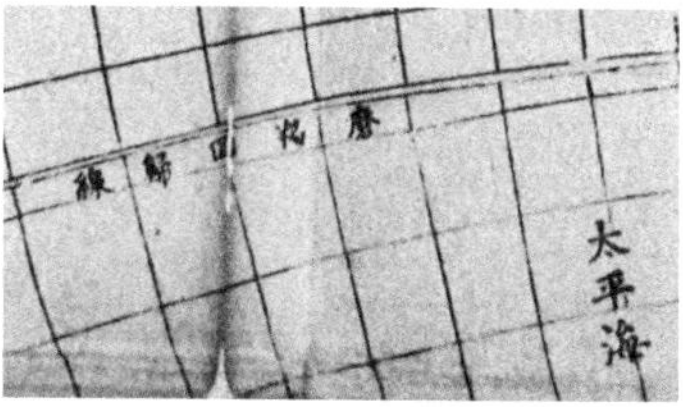

『翻訳地球全図略説』「磨羯回帰線」

ができなかった。なお、高橋景保はシーボルト事件で死罪になる人物である。

3 「健康」

語順が逆の漢語

和製漢語のできるパターンとしてもう一つ、語順の転換を挙げてみたい。漢語の中には、意味の近いもの、あるいは意味が逆のものが合わさって一つのことばをつくっているものがある。たとえば、

父母　男女　左右　胃腸　運搬　健康　呼吸

等である。このうち、「父母」「男女」は男性優位の考えのもとにつくられたとしたら、「父」「男」が最初にくるのは当然のことだ。しかし、「左右」などはどちらを先にしてもいいはずである。「尚左思想《しょうさしそう》」というものがあるから、左の方が重んじられて先に来てい

ると考える人もあるかもしれない。しかし、和語でいえば「みぎひだり」となり、「ひだりみぎ」とはいわない（中川二〇〇五）。

実はここにはある法則がある。それは日本語では拍数（ひらがなの数）が少ない方が前にくるのに対し、中国語は「左右」についていえば、声調（一声から四声）の順に並ぶのが自然なのである。「左右」は三声＋四声で「左」が先に来る。これは声調の順で読んだ方が楽だからである。言語における経済法則である。「父母」は声調では四声＋三声で声調の順でないが、これは意味が優先している。「男女」は意味もそうだが声調も二声＋三声で、声調順の法則に合致している。実際、「女男」と三声（低い調子）から読む方が力がいる。「胃腸」は中国語では逆の〝腸胃〟で二声＋四声、「運搬」も中国語は〝搬運〟で一声＋四声である。

このうち問題となるのは「健康」で、中国語にも〝健康〟がある。しかし声調は四声＋一声なので、この語順は中国語としては不自然である。一方、現代中国語の権威的辞書である『現代漢語詞典』には、現在では死語に近いが、〝康健〟（声調は一声＋四声）ということばが載っている。そして、この項は空見出しで、〝健康〟を見よという標示がついている（荒川二〇〇〇）。

†〝康健〟から「健康」へ

実は、中国ではもともと〝康健〟しかなかった。〝康健〟は、『大漢和辞典』によれば、唐の白居易の詩に、『漢語大詞典』によれば宋の『夢《む》渓《けい》筆談』、清の作品にも見えるという。これに対し、〝健康〟は『大漢和』には項目自体ないし、『漢語大詞典』には現代語の用例しか挙がっていない。

こうなると「健康」が日本でつくられた可能性が高くなってくる。

では、「健康」は日本でいかにしてつくられたのか。わたしは、これは、それまで使われていた〝康健〟の字順をひっくり返してつくられたと考える。なぜ、ひっくり返す必要があったのか。それは、字順を逆にすることで、新しい医学用語をつくろうとしたのである。

これには一つ傍証がある。それは、第二章でも挙げた、清末中国にやってきた外国人の一人、マティアの *New Terms for New Ideas*（一九一七）の Supplementary Terms に次のような指摘があるからである（写真参照）。

健康　robust, strong, vigorous.
Formerly the order was reversed, and the term was used with reference to superious, as son speaking of father. In this present form its use is unrestricted as to age, but is not used of inanimate objects.
（解説の訳：もともとこの語順は逆であり、そのことばは上位者、たとえば息子が父親の〔健康〕のことを話題にするときに使われていた。現在のかたちでは、その使用は年齢に関しては制限がない。ただ、無生物には使われない）

〝健康〟は二〇世紀初頭の中国では、従来の〝康健〟にない意味をもった新語として人々に迎えられたのである。

これは「健康」が日本から中国へ伝わっていったあとのことである。

では、「健康」はいつ日本で生まれたのか。

日本で「健康」が使われた最初の書物は、これまでのところ緒方洪庵の『病学通論』（一八四九）であると考えられていた。その部分を見てみよう。

健康 *Chien*[4] *k'ang*[1]. Robust, strong, vigorous.

NOTE. Formerly the order was reversed, and the term was used with reference to superiors, as son speaking of father. In this present form its use is unrestricted as to age, but is not used of inanimate objects.

New Terms for New Ideas「健康」

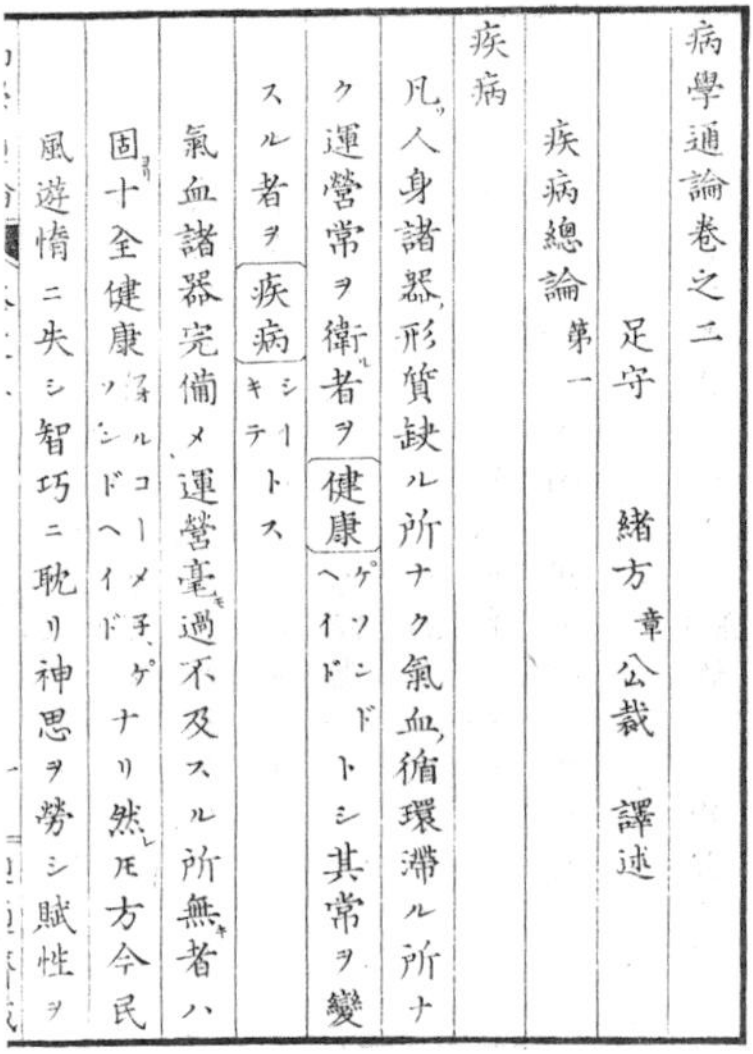

病學通論卷之二

足守　緒方章公裁　譯述

疾病總論第一

疾病

凡ッ人身諸器ノ形質缺ル所ナク氣血ノ循環滯ル所ナク運營常ヲ衛ル者ヲ健康《ゲソンドヘイド》トシ其常ヲ變スル者ヲ疾病《シーキテ》トス

氣血諸器完備メ運營毫モ過不及スル所無キ者ハ固ヨリ十全健康《フォルコーメ子ゲソンドヘイド》ナリ然レ𪜈方今民風遊惰ニ失シ智巧ニ耽リ神思ヲ勞シ賦性ヲ

『病学通論』「疾病」

凡ソ人身諸器ノ形質欠ル所ナク気血ノ循環滞ル所ナク運営常ヲ衛ル者ヲ〔健康〕ゲソンドヘイド／トシ、其常ヲ変スル者ヲ〔疾病〕シーキテ／トス

（人の体の諸器官が損失なく、また気や血の循環が滞りなく行われ安定した状態にあること

を「健康　ゲソンドヘイド」とし、この安定を破る状態を「疾病　シーキテ」とする）

この「健康」はオランダ語gezondheidの訳語として使われたものである。ここからわかるのは、「健康」と「病気」ははっきり分けられるものではないと考えられていたことだ。同書にはほかにも「健康ト疾病トハ較然《かくぜん》タル分界（はっきりとした境）ヲ示スコト能《あた》ハズ」（巻二）とある。これは面白い指摘である（「健康」については北澤二〇〇〇を参照）。

†江戸の蘭和辞書にはすべて「健康」があった！

ところで、そうなると「健康」は緒方洪庵がつくったと思うかもしれないが、実はその前に「健康」の例があるかないか見ておかなくてはならない。それは、先に本章で見た、江戸時代の蘭和辞典の系譜に「健康」がないかどうかである。この調査は簡単ではなかった。それは、gezondheidというオランダ語を各種の蘭和辞書で引いても、「健康」という語が出てこなかったからである。

では、どうするか。こんなときはすべての辞書を一頁一頁めくって調べるという方法があるが（ロプシャイトの字書で「熱帯」を探したときはそうした）、それもたいへんなので、わたしはとりあえずオランダ語の辞書（Dutch Dictionary）から gezondheid の類義語を探し、その語を先の蘭日辞典で検索するという方法を採った。あわせて、佐藤喜代治氏の研究（『国語語彙の歴史的研究』）に『増補改正訳鍵』にも「健康」があるとあったのをヒントに『増補改正訳鍵』を全ページ調査してみた。その結果、「健康」は、

『ハルマ和解』（一七九六）　welstand　welvaaren　welvaarende　welzyn
『訳鍵』（一八一一）　welstand　welvaaren　pluis
『和蘭字彙』（一八五八）　opkoomen
『増補改正訳鍵』（一八六〇）　opkoomen　pluis

の、それぞれ、ここに示した語のところに出てきていることがわかった。つまり、「健康」は『病学通論』よりさらに半世紀も遡る一七九六年にはできていたのである。

なお、wel- の語がつくことばはほぼ「健康」の意味であるが、opkoomen は「上がる、満ちる、芽を出す」、pluis は「羽毛」という意味である。一方、『ハルマ和解』や『訳鍵』で、gezond, gezondheid, heil に出てくる訳語は「康健」である。これは翻訳分担者によ

る訳語の違いかもしれない。

さて、緒方洪庵の『病学通論』は、もともとその師宇田川玄真《うだがわげんしん》の委託を受けたものであったが、洪庵の使用と前後して、玄真の弟子、杉田成卿《すぎたせいけい》の『医戒《いかい》』（一八四九）をはじめ、孫弟子の高野長英（一八三六）、佐久間象山《さくましょうざん》（一八五〇）、玉蟲左太夫《たまむしさだゆう》（一八六〇）など多くの人によって使われた。江戸蘭学訳語の集大成といわれる、堀達之助の『英和対訳袖珍辞書』（一八六二）が「健康」を採用したのは当然の結果であった。

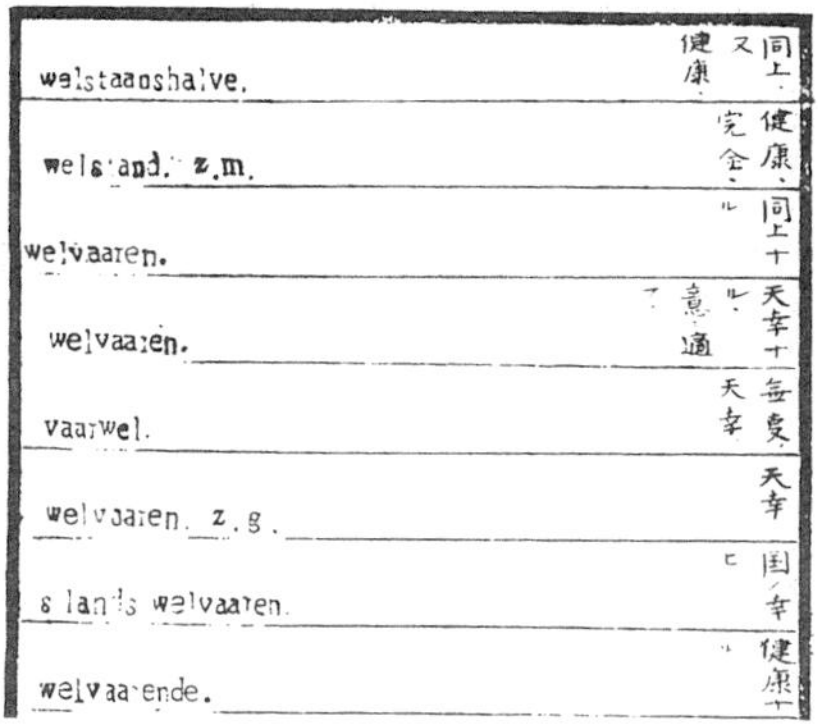

『ハルマ和解』

中国での〝健康〟

ところで、日本で「健康」がつくられる以前に中国で〝健康〟は存在しなかったのだろうか。わたしの「健康」の論文（荒川二〇〇〇）を読んだ、首都大学東京の佐藤進氏からは、それ以前に中国の文献で「健康」が存在したという書簡をいただいた。佐藤氏はその例をご自分が編集する『漢辞海』（第二版、二〇〇一）にも収録された。また、わたし自身、二〇一一年に高知大学で開かれた日本語学会シンポジウムで、大量のデータベースに対し、どう対処するかというテーマのもとでパネラーとして報告した。その際、『四庫全書』索引から、「年来稍健康（ここ数年来、体はやや健康）」（『翠渠摘稿』）、「白髪如銀、身健康（白髪は銀のようであるが、体は健康）」（東里集）という明代の例を検出した。また日本での初出については、花園大学の橋本行洋氏からも『ハルマ和解』に遡ること半世紀の雨森芳洲《あめのもりほうしゅう》（一六六八―一七五五）の『橘窓茶話《きっそうさわ》』の「稟質健康（生まれつき健康）」という例を提供された。

たしかに、中国にも日本にも、「治療」と「療治」、「言語」と「語言」などAB型に対し字の順が入れ替わったBA型という漢語が併存することがある。したがって、日中双方にAB型、BA型が併存してもおかしくはない。しかし、のちの中国側資料から見て、「健康」は日本でできて、中国へ伝わっていったと考えるのが順当である。それは、清末、中華民国初期の辞書類になかなか「健康」が現れなかったことによる。ようやく現れるのは、日本語の影響を受けた『辞源』（一九一五）や『綜合英漢大辞典』（一九二七）、『世界綜合英漢新辞典』（一九三五）になってからで、これ以前の英華・華英辞典ではせいぜい

「康健」が採られているに過ぎなかった。つまり、近代における中国語の〝健康〟はやはり日本語から入ったというべきである。

【日中同形語の窓④】牙／腕

〝牙〟と〝嘴〟

中国語教師が、中国語の入門段階、とりわけ発音を教える段階で、日中の漢字の違いを示すために出すものに〝牙〟や〝嘴〟がある。

〝牙〟は日本語ではキバのことだが、中国語では歯のことであり、〝嘴〟は口のことだというと、学生たちはびっくりする。中国語とはいったいどんな言語なのかと（もっとも中国語では〝歯〟や〝口〟も使われているが、これらは書きことばである）。たとえば、歯をみがくは〝刷牙〟（〝刷〟はブラシを使った動作）で、歯のクリーニングは〝洗牙〟という。逆に、〝牙刷〟は歯ブラシ、〝牙籤〟は爪楊枝、〝牙縫刷〟は歯間歯ブラシ、〝牙線〟はフロスである。〝牙線〟の〝線〟は本章でも述べたが、糸のことである。

実は、〝牙〟と〝歯〟とは本来指す部位が違っていた。すなわち〝牙〟は両側の歯（日本人が〝牙〟をキバと呼んだのはそのためである）、〝歯〟は前歯である。ただ、のちに中国語では〝牙〟が歯の総称になり、〝歯〟は書きことば専用になった。たとえば、つぎのように（なお、上が話しことば、下が書きことば、（　）内が日本語である）。

切牙、門牙——門歯（門歯）
磨牙、槽牙——臼歯（臼歯）
乳牙、奶牙——乳歯（乳歯）
虫牙——齲歯（齲歯《くし》　虫歯）

つまり、中国語の書き言葉と日本語は一致しているのである（齲歯は聞き慣れないかもしれないが）。

また、中国では、歯科は〝牙科〟だが〝歯科〟も使われる。もっとも、現代中国ではより総合的な〝口腔科〟が広く使われるようになってきた。わたしは一時〝牙科〟を探そうと北京の街を歩き回ったことがあったが、なかなかお目にかかれなかった。北京飯店の近くまで歩いて、疲れてふと上を見上げると、そこに〝牙科〟という看板が掛かっていた。わたしが嬉しかったのはいうまでもない。ところが、それから半年後にその場所を訪れると、その看板が〝口腔科〟に代わっていたのである（荒川清秀『中国語を歩く』）。

日本では「口腔外科」はよほどの場合でないと足を踏み入れないところだが、中国で歯のトラブルが起きたら〝口腔科〟を探さないといけない。

もう一つ、日本では「歯牙《しが》にもかけない（相手にしない）」という慣用句があるように「歯牙」というが、中国語では〝牙歯〟という。なぜ逆になっているかというと、ここでも牙（二声）＋歯（三声）と、声調の順に並んでいるからである。

一方の〝嘴〟は日本語でクチバシと読むように、もともと「鳥の口＝くちばし」のことであった。それがのち鳥の口も人の口も指すようになった。今、鳥の口は〝鳥嘴〟という。〝喙（カイ）〟ということばもあるが、これは書きことばである。

なお、明治初期の小説などに出てくる〝親嘴〟は、中国の近世語（明清時代の言語）に親しんでいた当時の日本

口腔科（北京）

の知識人が使ったものだが、これは「キスをする」という意味だ。「口と口とを親しくする」というわけである。また、〝開口〟は口を開けるではなく、「口を切る、話を始める」という意味である。日本語にも「開口一番」（口を開いて話し始める）ということばがある。その「開口」である。

中国語の〝腕〟はどこを指す？

中国語はすべてを中国化——つまり漢字化する。アニメの主人公もそうである。たとえば、次の二つが何のキャラクターかわかるだろうか。

〝米老鼠〟
〝唐老鴨〟

一つ目はミッキーマウス、二つ目はドナルドダックである。この二つは最初の一字〝米〟＝ミッキー、〝唐〟＝ドナルドが音。〝老鼠〟が「ネズミ」、〝老鴨〟が「アヒル」のことである。〝鼠〟や〝鴨〟は単独で単語になれないので、接頭辞の〝老〟がついている。この〝老〟には「年取った」という意味はない。〝老師〟（先生）も年取っていなくてよい。ちょうど、

「ご飯」の「ご」のように、単語づくりに必要なものなのである。

日本のアニメキャラクターも漢字化される。いくつか例を挙げよう。

〝桜桃小丸子〟
〝蠟筆小新〟
〝鉄臂阿童木〟

このうち、一つ目は「ちびまる子ちゃん」、二つ目は「クレヨンしんちゃん」、三つ目は「鉄腕アトム」である。〝桜桃〟は「サクランボ」、これは「さくらももこ」を掛けている。〝小丸子〟は「小さな団子」。〝蠟筆小新〟の〝蠟筆〟はクレヨン、〝小新〟の〝小〟は愛称で「ちゃん」に当たる。これは共通語だが、南の方言でこれに当たる愛称に〝阿Q（正伝）〟の〝阿〟がある。ちなみに、かつてNHKの朝ドラで一世を風靡《ふうび》した「おしん」は〝阿信〟と訳された。鉄腕アトムの〝阿童木〟の〝阿〟もこの愛称の接頭辞である。〝阿童木（アートンムー）〟は全体で「アトム」の音を表しているが、〝童〟には意味も込められている。音と意味を両方盛り込むというのが典型的な中国語の外来語翻訳法である。

さて、やっと本題だが、問題は〝鉄臂阿童木〟の〝鉄臂〟である。なぜそのまま「鉄腕」

「腕表」（台湾・高雄）

としなかったのか。日本語の「鉄腕」とは鉄の腕《うで》ということである。ところが、中国語の〝腕〟は腕の中でも「手首」の部分しか指さない。それは「うでどけい」の「うで」であって、「うでが長い」の「うで」ではない。中国語の腕は話しことばでは〝胳膊（コーポ）〟というが、熟語をつくる場合、より簡潔な文語的要素が用いられる。それが肩から手首までを指す〝臂〟である。日本語で「八面六臂《はちめんろっぴ》」（八つの顔と六本の腕。大活躍する様）というときの「臂」である（中国語では〝三頭六臂〟という）。ちなみに、「手長猿」は中国語では〝長臂猿〟という。この〝臂〟は書きことばで、熟語の中では用いられるが、単独では使われない。

日本の漢和辞典では、『漢辞海』第四版（三省堂）が、「腕」の「日本語用法」として、「うで。肩から手首まで」としつつ、漢字の意味としては、

手と腕とのよく湾曲する連結部。手首

と「手首」の意味を挙げている。そうすると、「腕」をarmとするのは日本語的用法だったことになる。

中国語の〝腕〟に関してもう一つ例を挙げたい。それは、中国語で腕時計のことを共通語では〝手表〟(この〝表〟はメーターのこと)というが、方言では〝腕表〟というところもあることである(写真参照)。わたしは「腕時計」を〝手表〟と訳すより、〝腕表〟と訳す方がすぐれていると思っている。ところで、英語で「腕時計」はなんというかご存じだろうか。それはwrist watchである。wristはリストカットというように、手首のこと。したがって、英語は中国語とうまく符合している。

第四章

なぜ「熱帯」は「暑帯」ではないのか?

――中国での漢語のつくられ方

1 「熱帯」

†「熱帯」は和製漢語？

第三章では、日本で漢語がつくられるときの三つのパターンについて考えてみた。では、中国で漢語がつくられるときの特徴的なパターンというものがあるのだろうか。

その一つは、漢語をつくる際に、日本人では思いつかない漢字を使う点、もう一つは日本人が原語の意味に沿って訳すのに対し、中国では、むしろそのものの形や働きから漢語をつくるという点である。以下、本章では、中国で漢語がつくられるときのメカニズムについて考えてみたい。

わたしは中国語教師として、日中の同形の漢語についてずっと関心をもってきた。しかし、ある時期から、単にどう違うという指摘だけでいいのか、どうして違うかを考えねばならないのではないかと思うようになった。違いの原因を探るには、どうしても歴史的な考察が必要になってくる。本書に歴史に関する言及が多いのも、そのためである。そうして、そのように歴史的に考えるきっかけとなったのが、「熱帯」という語である。まず、この語を取り上げてみよう。

「熱帯」とは先に挙げた「北回帰線」と「南回帰線」の間にある「あつい地帯」のことである。「回帰線」についてしらなくても、「熱帯」が「あつい地帯」であることをしらない人はいないだろう。では、この語はどうやってできたのか。

この問題を考えるきっかけになったのは、中国を代表する外来語辞典、高名凱《こうめいがい》等の『漢語外来詞詞典』（一九八四）である。この辞典には、「熱帯」は日本人がつくった漢語であると出ていた（写真参照）。これには、実藤恵秀《さねとうけいしゅう》らの研究がかかわっている。実藤ら初期の日中同形語研究者は、西洋人たちの翻訳書――漢訳洋書の存在をしらなかった。だから、限られた中国側資料にないと、即日本製と判断してしまったのである。それはある意味無理からぬことでもあった。

わたしは、この『漢語外来詞詞典』の「熱帯」日本語起源説に疑問を持った。なぜか。それは、日本人がつくったなら「気候の暑い地帯」であるから「暑帯」となるべきではないか、それが「熱帯」となったのは、気体

热带 rèdài 赤道两侧南回归线和北回归线之间的地带. 源日 熱帯 nettai 〖意译英语 the tropics〗

『漢語外来詞詞典』「熱帯」は日本語起源とある

にも物体にも〝熱〟を使う中国語においてであろうという仮説を立てたのである。これはつまり、漢字の使用、漢字の選択という観点から中国製漢語か和製漢語かを判別しようということであった。ちなみに第三章で「回帰線」が出てくる資料として挙げた『二儀略説』に「暑帯」は出てきた。

†ロプシャイトの『英華字典』

当時、ある漢語が和製か中国製かを見る上で、鑑定の根拠となる辞書があった。それが、第三章でも述べた、ロプシャイトの『英華字典』である。ロプシャイトは、英華字典を編んだくらいであるから、当初アメリカ人、あるいはイギリス人と思われたこともあったが、那須雅之（愛知大学）の研究によって、ドイツ人であることがわかった。ロプシャイトは宣教師でもあり医者でもあったが、一八六六―六九年にかけ、香港でまず四分冊の辞書を出した。*English and Chinese Dictionary* である。これはのち二分冊のものも出た。わたしが所有するのは二冊本である。

さらに、日本では、原本に日本語訳（すべてではない）を付した、中村敬宇《なかむらけいう》校正、津田仙、柳沢信大、大井鎌吉訳『英華和訳字典』乾坤二冊（山内輹出版、一八七九）や、原本から発音部分を除き、ロプシャイトに先行するメドハースト、ロプシャイトの後に出たドーリトルの辞書から語彙を増補した、井上哲次郎訂増『訂増　英華字典』（藤本氏蔵版、一八八三―八四）が出た。「訂増」は「増訂」のこと。辞書にもないことばである。

『英華和訳字典』の校正（ここでは「調べ正す」こと）を担当した中村敬宇は幕末の儒学者で、昌平黌《しょうへいこう》の教授を務めた人であるが、洋学にも目覚め、一八六六年、幕府がイギリスへ送った留学生たちの監督を務めた。しかも、単に若い留学生たちの監督役だけでなく、かれ自ら留学を願い出ていたことがわかっている（高橋二〇〇八）。帰国後出版した、スマイルズのSelf-help（自助論）の翻訳『西国立志編』は当時のベストセラーの一つになった。

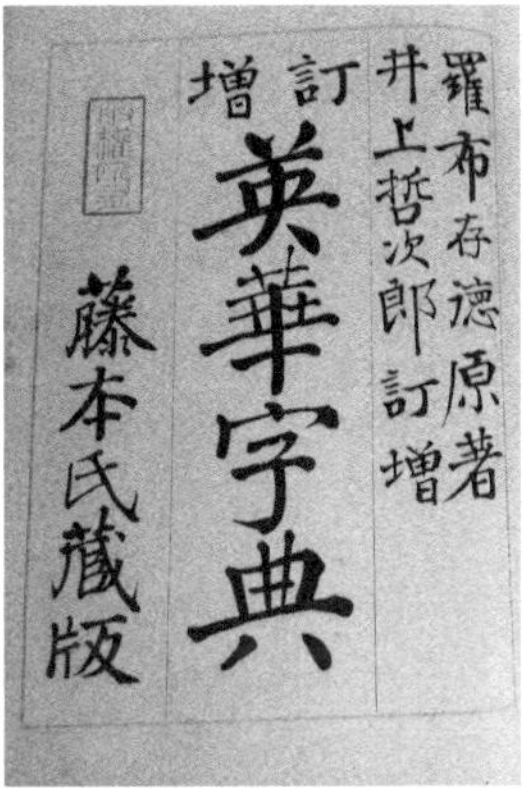

『訂増　英華字典』（藤本氏蔵版）扉

中村敬宇

津田仙は、満六歳で岩倉使節団についてアメリカに留学した津田梅子の父親である。『訂増　英華字典』を増訂した井上哲次郎は、東京大学に哲学科を設置、哲学用語を定めるために先にも触れた『哲学字彙』を改訂して、三度も出した人である。この人たちがロプシャイトの辞書の意義を認め、その和訳本、増補本をつくったのである。

そのロプシャイトの辞書は明治初期に日本人が英語、英語文化をいかに日本語に訳せばいいかという問題にぶつかったとき、きわめて有用な辞書であった。それは日本より先に近代西洋文化の洗礼を受けた、中国の西洋文化受容の一つの集大成でもあった。

ロプシャイトの辞書で、わたしが最初に手に入れたのは、この井上哲次郎増訂の『訂増　英華字典』であった。先に述べたように、この訂増本はその後の増補が入っていて、原本の姿そのものではなかった。したがって、この辞書に載っているからといって、ロプシャイトの辞書にもあるというのは危険だったのである。

その後、わたしは原本を手に入れることになるが、当時（一九九一年）のわたしには、離婚を覚悟しないと手に入らないのではないかと思わせるほどの値段であった（荒川一九九七の後書きにもそう書いた。今、考えると車一台分くらいの値段なのだが）。わたしが迷っているとき、折しもＮＨＫラジオ中国語講座担当の話があり、わたしは給与以外の収入をいくらか手にすることになった。それでも決断がつきかね、もし、競争相手が出てきたら買うと古書店には話をしてあった。それからしばらく経ったある日の夜、外出しようとしていた矢先に古書店から電話があった。「関西の某大学がほしいといってきていますが」。わたしがその場で決断したのはいうまでもない。

閑話休題。はたして、「熱帯」はこのロプシャイトの辞書につぎのように出ていたのである。

the tropics　熱帯
the torrid zone　熱帯

従来の考え方からすれば、これで「熱帯」中国製説は確定的なものになった。しかし、だからといってロプシャイトが「熱帯」をつくったといえるだろうか。ここで探索をやめてもいいのだろうか。これより以前に「熱帯」は存在しなかったのだろうか。

実は、日本語学の分野で、漢訳洋書（洋学書）について先駆的な紹介を

Torrid 熱 ít$_2$. Jeh, 燥 ts'ò'. Sáu, 燥熱 ts'ò' ít$_2$. Sáu jeh; the torrid zone, 熱帶 ít$_2$ tái'. Jeh tái.
Torridness 燥熱者 ts'ò' ít$_2$ 'ché. Sáu jeh ché.

ロプシャイト『英華字典』the torrid zone の項。「熱帯」とある

した佐藤亨氏が、先に紹介したイエズス会宣教師アレニの著作『職方外紀』（一六二三）に「熱帯」が現れることを指摘していた（『近世語彙の研究』）。本書は先にもふれたように、世界地理、世界地誌についての本である。その部分を見てみよう。

†「熱帯」が中国側文献に出てくる

アレニはまず地球が「五帯」に分かれていることを指摘する。そして、

> 赤道直下、二至規（二至規＝夏至規、冬至規　二つの回帰線のこと）の間は、太陽がつねに頭の上を行くので、熱帯となる
> （分為五帯、其赤道之下、二至規以内、此一帯者日輪常行頂上、故為熱帯）

と述べる（写真参照）。さらに、以下のようにいう。

> 夏至規（北回帰線）の北から北極規（北極圏）まで、冬至規（南回帰線）の南から南極規（南極圏）までの二つの地帯は、日輪（太陽）があまり遠くも近くもないので温帯

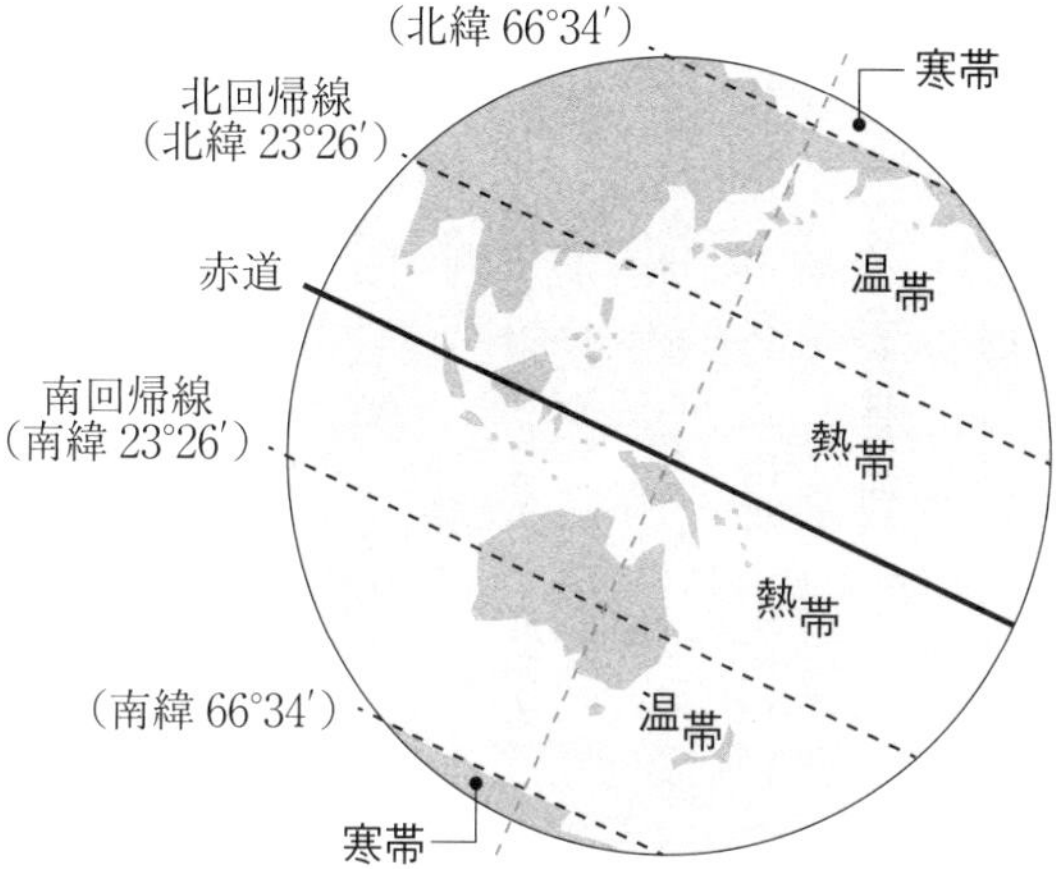

五帯と回帰線

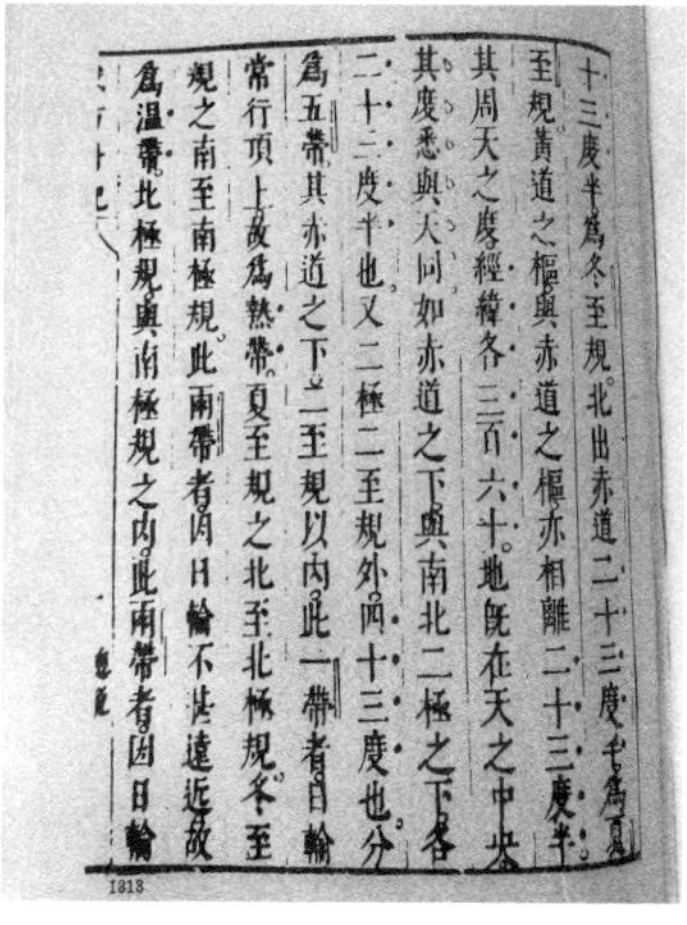

十三度半為冬至規北出赤道二十三度半為夏
至規黃道之樞與赤道之樞亦相離二十三度半
其周天之度經緯各三百六十地既在天之中央
其度悉與天同如赤道之下與南北二極之下各
二十三度半也又二極二至規外四十三度也分
為五帶其赤道之下二至規以內此一帶者日輪
常行頂上故為熱帶夏至規之北至北極規冬至
規之南至南極規此兩帶者因日輪不甚遠近故
為温帶北極規與南極規之內此兩帶者因日輪

1313

アレニ『職方外紀』「五帯」引用部

となる（夏至規之北至北極規、冬至規之南至南極規、此両帯者、因日輪不甚遠近、故為温帯）

さらに、

北極規（北極圏）と南極規（南極圏）の内側の二つの地帯は、太陽がただ半年しか照らさないので、冷帯となる（北極規与南極規之内、此両帯者、因日輪止照半年、故為冷帯）

と指摘する。そうすると、ここには、「温帯」「熱帯」「冷帯」が出ていることになる。なぜ「寒帯」でなく「冷帯」かについてはあとで述べる。

†マッテオ・リッチの世界図

わたしは「熱帯」の初出がさらに古く遡れるのではないかと考え、いろいろ調査してみた。その結果、その「萌芽」がマッテオ・リッチ（Matteo Ricci 利瑪竇）の『坤輿万国全

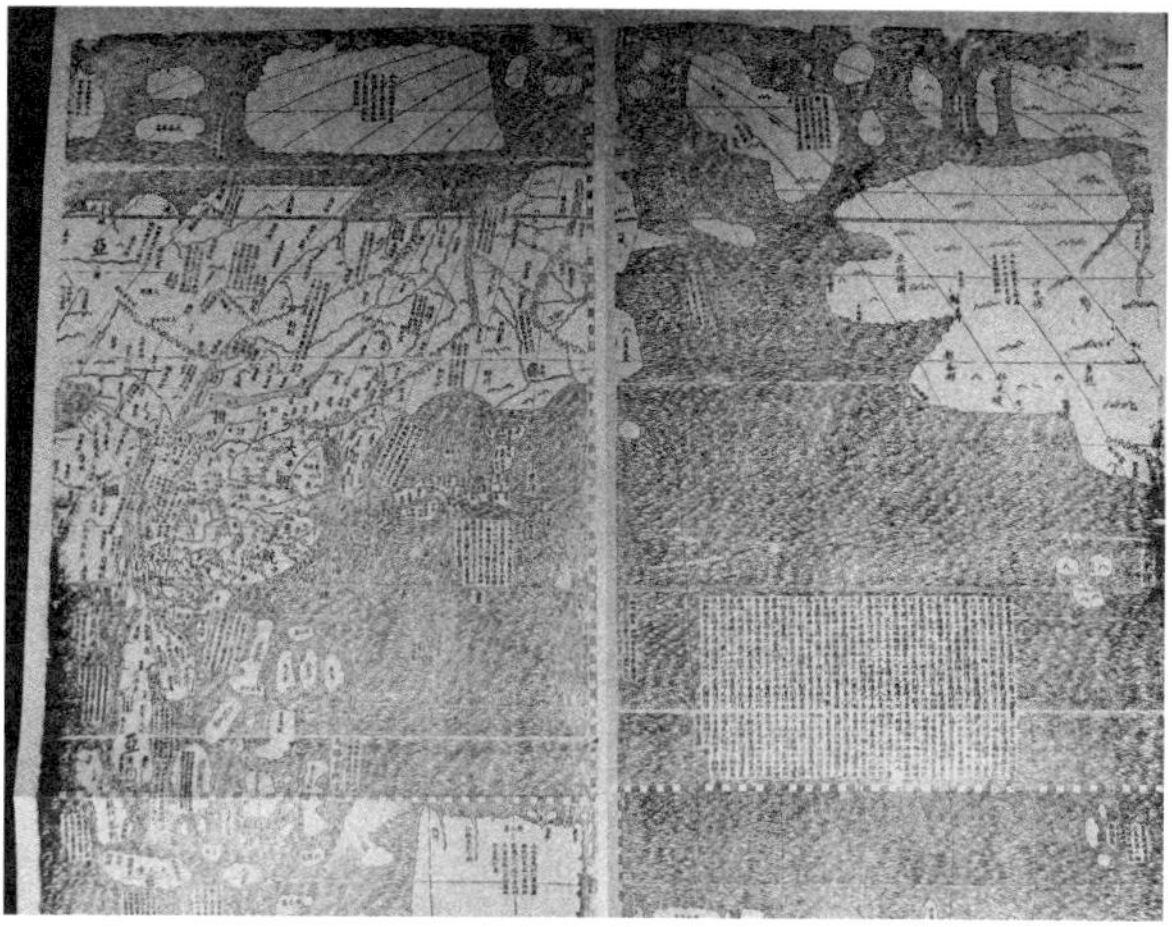

『坤輿万国全図』（部分、宮城県図書館蔵）

図』（一六〇二）にまで遡れることがわかった（写真参照）。

イエズス会宣教師のマッテオ・リッチが中国広東省の肇慶に居を構えたのは一五八三年。かれは中国を南から北へ向かい、最後は北京に入って明の万暦帝に謁見を願った（実際は会えなかった）。その際、かれが持参した土産物の中に、置き時計（自鳴鐘）と世界地図があった。中国語では「時計」は〝鐘〟と〝表〟に分かれる。これは英語のclockとwatchに対応している。ヨーロッパからclockが伝わって来たとき、中国人はこれを時を告げる「鐘《かね》」の仲間と考えたのである（なお〝鐘〟と〝表〟について、詳しくは荒川二〇〇九を参照）。

一方、リッチが作成した世界地図は西洋のそれとは異なっていた。西洋の世界地図とは右にヨーロッパ、左にアメリカ大陸が配置され、大西洋が真ん中にくるものである。しかし、そんなものを献上しても中国人官僚や皇帝の不興を買うだけである。そこで、かれは中国を真ん中に置く世界地図をつくった。イエズス会の現地適応政策の面目躍如である。リッチの世界地図は何種類もあるが、その代表的なものは一六〇二年の万暦版である。

リッチの『万国全図』には、地図の周囲に気候帯をはじめさまざまな解説がついている。この解説の原文については、戦前に活躍した地理学者、鮎沢信太郎の著作の一つ『日本文化史上に於ける　利瑪竇の世界地図』（龍文書局）に、付録として活字化されたものがついていた。もっとも、活字版だけでは心もとない、原本も見てみたいと思った。しかしながら、当時（一九八六年頃）のわたしは、この地図の原図をどこへ行って見ればいいのか皆目見当がつかなかった。

そんなわたしに救いの手をさしのべてくださったのが、東洋地理学者の海野一隆（当時大阪大学教授）であった。海野によれば、リッチ図とその解説は海野らが編集した『日本古地図大成　世界図編』（講談社）に収められており、より詳細なものに宮城県文化財保護協会発行のリプリントがあるとのことであった。わたしはこれらを購入し、しばし古地図の世界にひたったのである。なお、のち京都の臨川書店から原寸大のリッチ図が出た（一〇万円以上はした）。わたしはこれも購入したが、残念なことにいまだにすべてを広げて見る機会がない。

†リッチ図の五帯の解説

リッチ図の五帯の解説は以下のようになっている。『職方外紀』の記述とはいささか異なるので少しずつ区切って比べてみたい。

地勢で山や海を分けると、北から南へ五帯をなす
（以天勢分山海、自北而南為五帯）

ここは、『職方外紀』では単に「分為五帯」となっていた部分である。

一つは、昼長圏《ちゅうちょうけん》と昼短圏《ちゅうたんけん》の間にある。この地は非常に暑い。それはこの地帯が太陽に近いためである

（一在昼長昼短二圏之間、其地甚熱、帯近日輪故也、）

『職方外紀』の「夏至規」「冬至規」が「昼長圏」「昼短圏」となっている。これはすなわち、

北回帰線——夏至規　昼長圏
南回帰線——冬至規　昼短圏

という関係である。「昼長」「昼短」はそれぞれ、「昼が最も長い日＝夏至」「昼が最も短い日＝冬至」のことである。「昼長圏」「昼短圏」の「圏」は、現在では「北極圏」にしろ「首都圏」にしろ、地域、エリアを指すのがふつうだが、ここでは単に円のことである。なお、中国ではもともと円であった「圏」が、のち日本語と同じく地域をも指すようになった。

二つ目は、北極圏の内側、南極圏の内側にある。この二つの地域は土地がともに非常

に寒い、それはこの地域が太陽から遠いからである
（二在北極圏之内、三在南極圏之内、此二処地居甚冷、帯遠日輪故也、）

ここにある「北極圏之内」「南極圏之内」が、今でいう「北極圏」「南極圏」のことである。ここは地図の版により文字に異同があり、あとで述べる。

四つ目は、北極圏と昼長圏の間、五つ目は南極圏と昼短圏の間にある。この二つの地帯はどちらも正帯という。それははなはだ寒くも暑くもない。太陽が遠くも近くもないからである
（四在北極昼長二圏之間、五在南極昼短二圏之間、此二地皆謂之正帯、不甚冷熱、日輪不遠不近故也）

ここからも、「圏」が範囲でなく「円」であることがわかる。〝冷〟はあとでも述べるように「つめたい」ではなく「寒い」という意味である。

†リッチ図が読みづらいのはなぜか

このリッチ図は、温帯を「正帯」と呼ぶほかは、「熱帯」「冷帯」に特に名称を与えていない。つまり、「熱帯」のことを、

この地は非常に暑い。それはこの地帯が太陽に近いためである
(其地甚熱、帯近日輪故也)

「寒帯」のことを、

この二つの地帯は土地がともに非常に寒い。それはこの地域が太陽から遠いからである
(此二処地居甚冷、帯遠日輪故也)

というだけである。この謎はあとで解き明かすことになるが、前者についていえば、これ

を「其地甚《はなはだ》熱帯たり」と読んだり、後者を「此二処地居甚冷帯たり」と読んで「熱帯」「冷帯」が成立したと考えてはいけない。それは「甚」という副詞が名詞を修飾することがないからである。

先に、中国語では気候の暑いことを〝熱〟という形容詞で表すと述べた。では、サムイはどういうかというと、〝寒〟といわず〝冷〟という。たしかに、古代中国語ではサムイは〝寒〟であった。しかし、わたしが調べた範囲では、明の時代にすでに話しことばでは、サムイを表すことばが〝寒〟から〝冷〟に取って替わっていたのである（荒川一九九七）。リッチはつまり、「寒帯」の解説を、「冷」という話しことばを使って行ったのである。ところで、先のリッチ図に記されている解説の文章は中国語としては、やはりどうしても読みづらい。この読みづらさはどこから来ているのか。この謎も海野一隆からの教示（私信）で氷解した。

リッチには、先にも挙げたように一六〇五年刊とされる『乾坤体義』という書物があり、その巻上「天地渾儀説」には、この部分とほぼ同様の文があるが、そこは以下のようになっていたのである。今、『乾坤体義』のみにある文字を〔　〕で示す。

其地甚熱、〔則謂熱〕帯近日輪故也
此二処地居〔倶〕甚冷、〔則謂寒〕帯遠日輪故也

こうしてみると、リッチの『乾坤体義』には、すでに「熱帯」と「寒帯」がそろって出ていることになる。二行目の「居」と「倶」は同音で声調が違う。リッチ図では「居」であったが、ここは『体義』のように、「倶（ともに）」の方がよい。

そうすると、『乾坤体義』はリッチ図のあとに出ていたのだろうか。いや、わたしは他の資料から、やはり『乾坤体義』の方がリッチ図に先行すると考えたい。リッチ図で〔 〕に入っている七字のうち、「居」は「倶」の間違いであろうと述べたが、残る六字が落ちていたのは、解説文を彫る段階で落とした可能性がある。そして、リッチがそれを問題にしなかったのは、この六字を落としても読む上で大きな問題はないと考えたか、あるいは彫り落とされたことをしらなかったかである。

この『乾坤体義』というのは、先にも述べたように、イエズス会が東洋布教に際し、もたらしたペドロ・ゴメスの天文学書が原本で、翻訳されて、中国では『乾坤体義』となり、日本では『二儀略説』となった。後者は「回帰線」や「暑帯」が出てくる書物である。

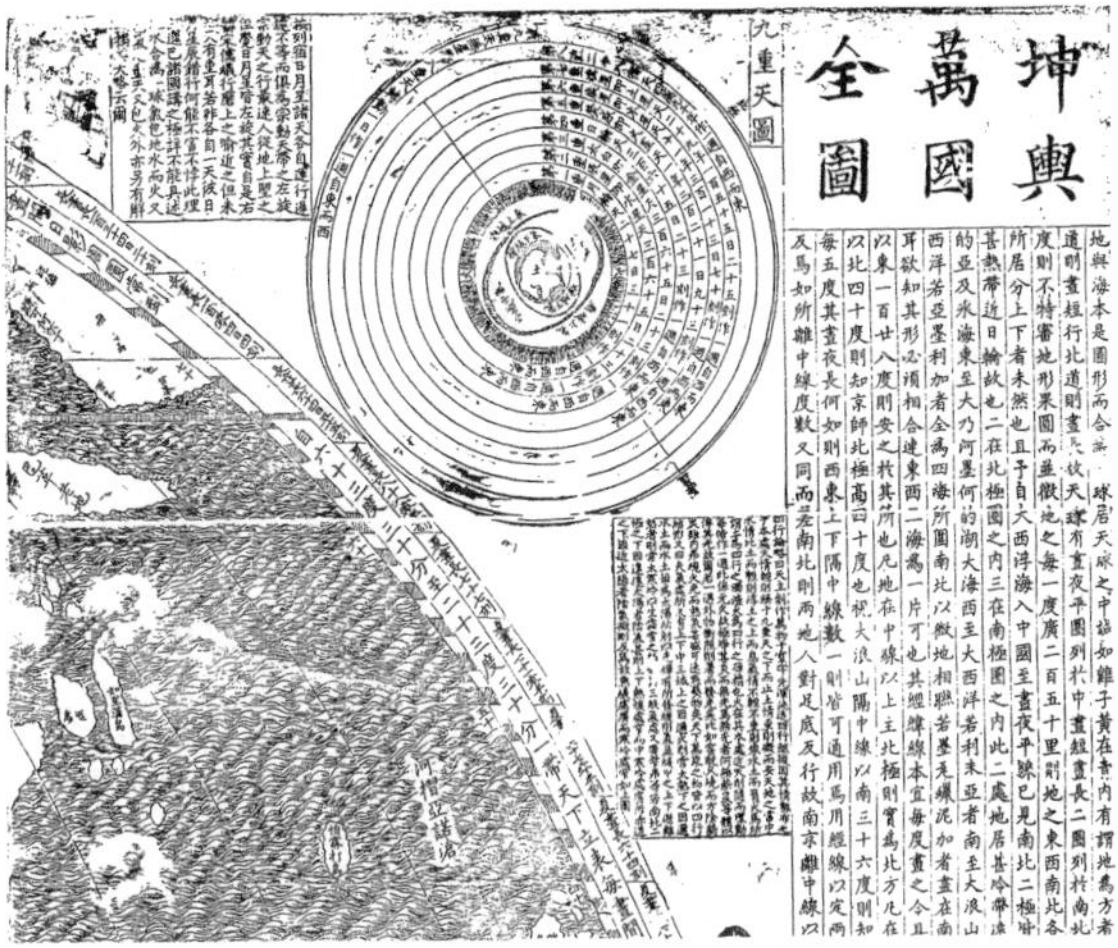

坤輿万国全図の説明部（宮城県図書館蔵）

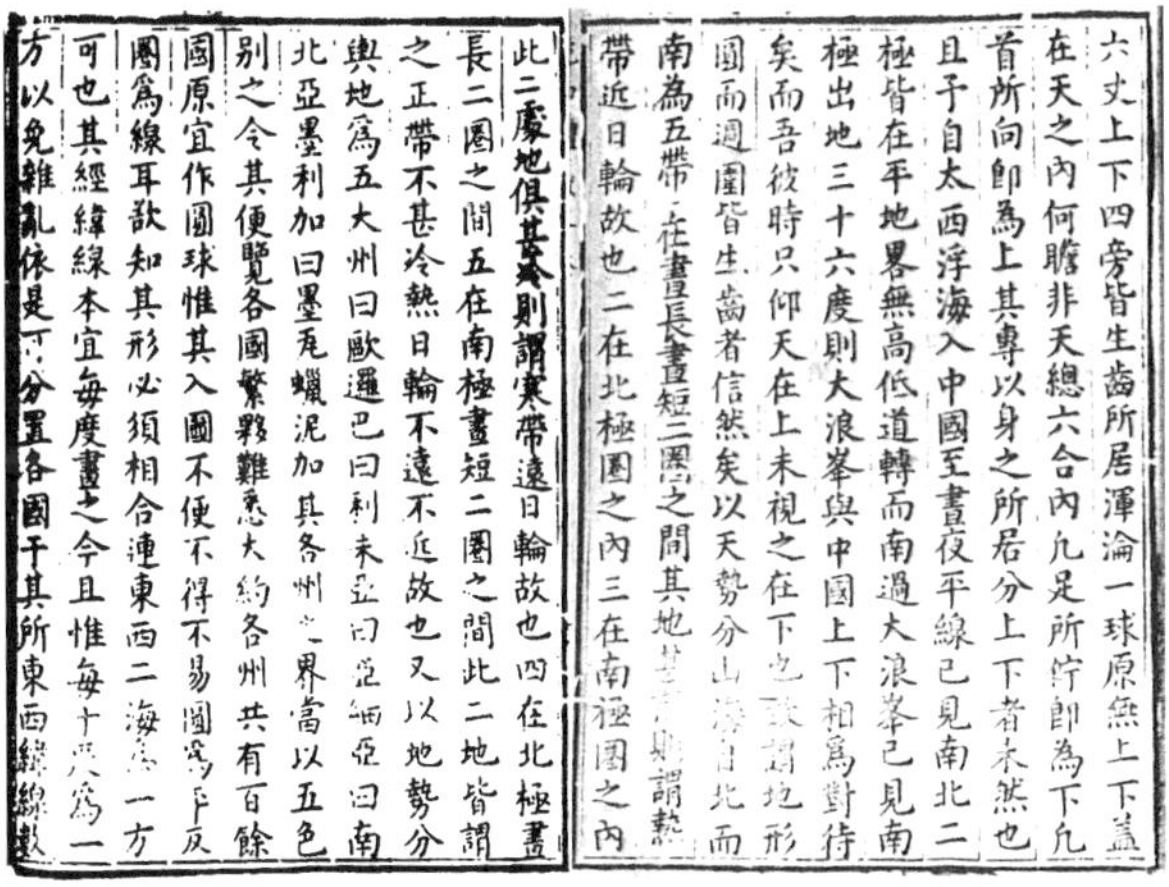
六丈上下四旁皆生齒所居渾淪一球原無上下蓋
在天之内何瞻非天總六合内凡足所佇卽爲下凡
首所向卽爲上其專以身之所居分上下者未然也
且予自太西浮海入中國至晝夜平線已見南北二
極皆在平地畧無高低道轉而南過大浪峯已見南
極出地三十六度則大浪峯與中國上下相爲對待
矣而吾彼時只仰天在上未視之在下也故謂地形
圜而週圍皆生齒者信然矣以天勢分山海自北而
南爲五帶一在晝長晝短二圏之間其地甚熱則謂熱
帶近日輪故也二在北極圏之内三在南極圏之内
此二處地俱甚冷則謂寒帶遠日輪故也四在北極晝
長二圏之間五在南極晝短二圏之間此二地皆謂
之正帶不甚冷熱日輪不遠不近故也又以地勢分
輿地爲五大州曰歐邏巴曰利未亞曰亞細亞曰南
北亞墨利加曰墨瓦蠟泥加其各州之界當以五色
别之令其便覽各國繁夥難悉大約各州共有百餘
國原宜作圖球惟其入圖不便不得不易圜爲平反
圏爲線耳欲知其形必須相合連東西二海爲一方
可也其經緯線本宜每度畫之今且惟每十度爲一
方以免雜亂依是可分置各國于其所東西緯線數

『乾坤体義』引用部は中央あたり（神戸市立博物館蔵）

†リッチの「正帯」とは？

さて、ここまでのところをまとめると、つぎのようになる。

『リッチ図』（一六〇二）	正帯	熱、帯	冷、帯	
『乾坤体義』（一六〇五？）	正帯	熱帯	寒帯	
『職方外紀』（一六一二）	温帯	熱帯	冷帯	

先にも述べたように、当時の中国語の話し言葉のサムイは〝冷〟である。しかし、熟語としてつくろうとすると、文語的要素である〝寒〟が顔を出し〝寒帯〟となる可能性がある。『乾坤体義』の「寒帯」はそう理解すべきである。一方、『職方外紀』の著者アレニは口語的要素の〝冷〟を取り込み〝冷帯〟とした。

では、リッチ図で単語として唯一出てきた〝正帯〟とはなんだろう。

これは現在の「温帯」に当たるものである。実は、〝正帯〟の原語であるラテン語 zona（帯）temperātē（正）の temperātē とは本来「あたたかい」というより、「調和のとれた、過度でない、適正な」という意味であった。だから、リッチは「正」を選んだのである。ちなみに、先に挙げた「暑帯」が出てくる日本側資料『二儀略説』では「和帯」と訳されているし、「半島」の訳に関わった山村才助の『訂正増訳采覧異言』では「中和ナリ」という解釈を与えている（写真参照）。これらも傍証となるだろう。

『職方外記』の著者アレニは逆に、これだけが温度形容詞を被せられていないので、統一を取るために「温帯」としたのであろう。

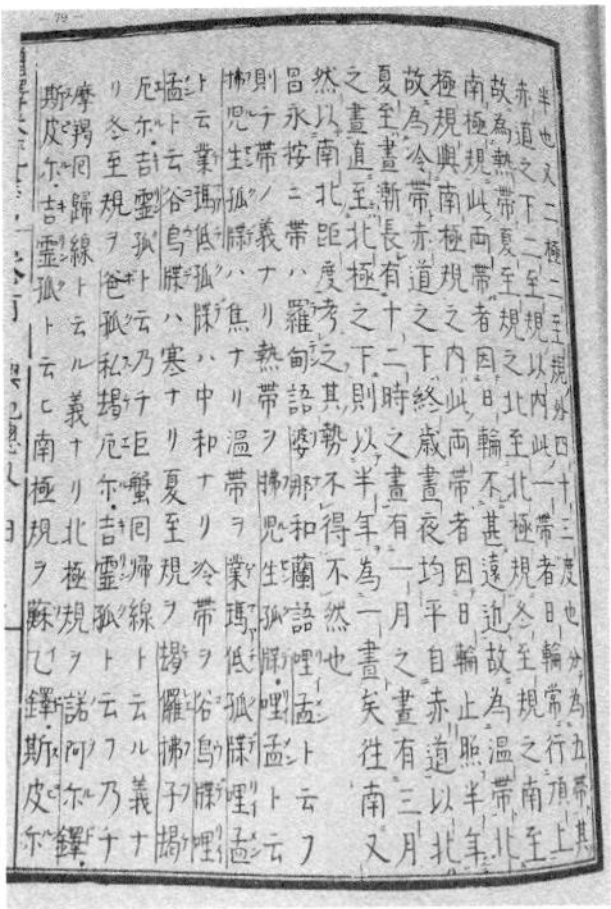
半也又二極二至規外四十三度也分為五帶其
赤道之下二至規以内此一帶者日輪常行頂上
故為熱帶夏至規之北至北極規冬至規之南至
南極規此両帶者因日輪不甚遠近故為温帶北
極規與南極規之内此両帶者因日輪止照半年
故為冷帶赤道之下終歳晝夜均平自赤道以北
夏至晝漸長有十二時之晝有一月之晝有三月
之晝直至北極之下則以半年為一晝矣往南又
然以南北距度考之其勢不得不然也
昌永按二帶ハ羅甸語婆那和蘭語哩壒ト云フ
則チ帶ノ義ナリ熱帶ヲ拂児生孤隊哩壒ト云
拂児生孤隊ハ焦ナリ温帶ヲ業瑪低孤隊哩壒
ト云業瑪低孤隊ハ中和ナリ冷帶ヲ谷烏隊哩壒
壒ト云谷烏隊ハ寒ナリ夏至規ヲ揭儸拂子揭
厄尓吉靈孤ト云乃チ亘蠻同歸線ト云ル義ナ
リ冬至規ヲ爸孤私揭厄尓吉靈孤ト云フ乃チ
摩羯同歸線ト云ル義ナリ北極規ヲ諾阿尓鐸
斯皮尓吉靈孤ト云ヒ南極規ヲ蘇乜鐸斯皮尓

『訂正増訳采覧異言』「中和ナリ」と左から６行目に見える

2　「貿易風」「海流」「氷河」

さて、つぎに取り上げる「貿易風」「海流」「氷河」は中国語ではそれぞれ〝信風〟〝洋流〟〝氷川〟という。ここにも中国的な漢字の用法が見られる。

†「貿易風」は中国では〝信風〟

「貿易風」は清末に中国にやってきたプロテスタント宣教師の一人、ミュアヘッド(Muirhead　慕維廉)の『地理全志』(一八五三—五四)に出てくる語である。『地理全志』は幕末に日本にもたらされ、翻刻(和刻)が一八五八年につくられ広く読まれた。たとえば福沢諭吉も参加した万延元年(一八六〇)の遣米使節団のメンバーの中にも、福沢をはじめ、野々村忠実(『航海日録』)、福島義言(『花旗航海日誌』)らが本書を読んでいる(荒川一九九七)。『地理全志』は、サンフランシスコの旧音訳名「桑方西斯哥」の出典でもある。かつて日本で使われていた漢字表記である「桑港」は、「桑方西斯哥」を縮め「港」をくっつけたもので、これは日本人の造語であると考えられる(荒川一九九七)。

日本人は、『地理全志』に出てくる「貿易風」をそのまま日本語に取り入れた。一方、現在の中国では〝信風〟というのがふつうである。なぜ違いが生じたのか。〝信〟は先に序章末の「日中同形語の窓①」で「手紙」の意味だと述べた。〝信風〟ももとはこれと関係がある。つまり、もともと開花を風と結びつける〝花信風〟(はなのたよりのかぜ)ということばがあり、これがのち「一定の、周期的な」という、いわば季節風を意味するようになった。〝信風〟は〝花信風〟から「花」が落ちたものである。つまり、〝信風〟とは「便りの風→一定の風」という意味になり、「貿易」とは直接関係がない。いったい、どうしてこんなことが起きたのか。

†trade の本来の意味は「貿易」ではない！

そもそも、「貿易風」の原語 trade wind の trade とは、本来「一定の」という意味で「貿易」とは直接関係がなかった。しかし、大西洋と太平洋の赤道の両側で吹く風が貿易に利用されることで、この風自体が「貿易風」の意味を持つようになった。『オックスフ

『地理全志』扉

地理全志 卷之四 三 下編
和風一時行三十里每方尺重四錢快風一時一百里每方尺重
一斤大風一時二百二十里每方尺重五斤暴風一時三百八十
里每方尺重二十三斤狂風飄揚樹屋一時六百餘里每方尺重
三十七斤至于山上風吹其力更大因多阻截激而愈猛。
二帶之中有恒風名曰貿易風周歲方向遲速大畧如一故舟行
順利其界在大西洋人更爲詳稔北半球有東北風南半球有東
南風漸近赤道東風更盛間有一道曰風靜之道其內大霧迷漫
時則烈風暴雨雷電交作其東北貿易風自八度至二十八度北
東南貿易風自三度北至二十八度南此二風易悉赤道之上乃
地球至熱之處其氣更輕衝于寒氣之上分向二極卽由二極寒
氣流布赤道空處于是有二氣流于南北半球一上一下流皆相
反淩假而地球盤轉下氣流于北半球則由北達南其南半球之

『地理全志』「貿易風」は右から5行目などに見える

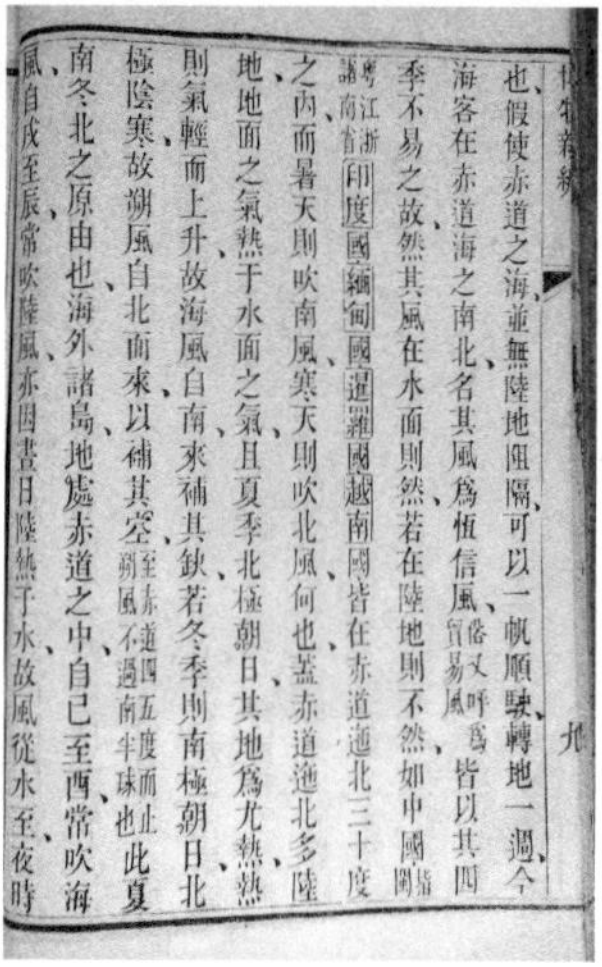
博物新編　九
也、假使赤道之海並無陸地阻隔、可以一帆順駛、轉地一週、今
海客在赤道海之南北、名其風爲恒信風、俗又呼爲貿易風皆以其四
季不易之故、然其風在水面則然、若在陸地則不然、如中國閩
粵江浙諸南省、印度國緬甸國暹羅國越南國皆在赤道迤北三十度
之內、而暑天則吹南風、寒天則吹北風、何也、蓋赤道迤北多陸
地、地面之氣熱于水面之氣、且夏季北極朝日、其地爲尤熱、熱
則氣輕而上升、故海風自南來、補其缺、若冬季則南極朝日、北
極陰寒、故溯風自北而來、以補其空、至赤道圍五度而止溯風不過南半球也、此夏
南冬北之原由也、海外諸島地處赤道之中、自巳至酉常吹海
風、自戌至辰常吹陸風、亦因晝日陸熱于水、故風從水至、夜時

『博物新編』「恒信風」

ォード英語辞典』（ＯＥＤ）によれば、それは一七世紀末のことであった。

一方、江戸時代、蘭学の訳語の中でも「貿易風」は顔を見せない。出てくるのは、「定向ノ風、定リ風、定リノ風」などである（荒川一九九七）。これはオランダ語の原語 passaat パッサート／パスサートが「一定の」という意味で、「貿易、交易」の意味がなかったからである。

清末では、日本でも明治初期に博物学の教科書として使われたホブソンの『博物新編』（一八五五）に、「恒信風」という名称が出てくる（写真参照）。「恒信」は「つねに（恒）・つねに（信）」の同義結合の語である。その割注（二行にわたる注）には「俗にまた貿易風とも呼ぶ＝俗又呼為貿易風」と見える。当時、この風を「貿易風」と呼ぶのはまだ俗称だという認識があったという証拠である。

また、ロプシャイトの『英華字典』では、「熱帯常風」としか出ていない。これも「恒信風」や「信風」と同じ意味である。いいかえれば、この名称も、tradeの本来の意味に基づくものである。ちなみに、ドイツ語、フランス語、ロシア語、イタリア語などの「貿易風」に当たる語を調べてみても、どれも「貿易」とは関係がない。そして、中国人もtrade windが本来「貿易」とは関係ない「一定の風」の意味だとしっていた。たまたま、中国では古くから〝信風〟ということばが存在していた。そこで、これをtrade windの訳語として採用したのである。これは結果的には、中国は世界と同じ、原義に基づく訳語を選択したということになる。

一方、日本はどの段階で「貿易風」を採用したのだろう。これに関し興味深い資料がある。一八七四年に出た石坂《いしざか》堅壮《けんそう》口授の『博物新編記聞』で、著者は〝恒信風〟と「貿易風」の「孰《いず》レカ是《ぜ》ナルヲ知ラス」といっていることである。

一八八二年に出た『附音挿図英和辞彙』第二版では「貿易風。商風（熱帯間ノ定風）」と二つの訳語を併記している（写真参照）。一八八八年の志賀《しが》重昂《しげたか》他校閲の『地文学』でも同じである。これが「貿易風」に一本化されるのは矢津《やづ》昌永《まさなが》の『日本地文学』（一八八九）や『万国地理初歩』（一八九四）、『地球約説』（一八九九）以後のことである。ただし、一九〇〇年頃に『気象集誌』という雑誌で、「貿易風」という名称はおかしいのではないかという論争が一時起こったことがある。しかし、当時受け入れられていた「貿易風」をいまさら廃止するのもどうかという結論に落ち着いた。そして、「貿易風」はつぎの術語集で学会公認の用語として認定された（写真参照）。

TRA 1055

ノ草 *Tradescantia discolor.* 青紫蘭《ムラサキオモト》
Tradesman (trādz′ man), *n.* 舗商《ミセアキンド》。生理人
Trades-peopl (trādz′ pē-pl), *n.* 商人
Trades-woman (trādz′ wu-man), *n.* 女商
Trade-winds (trād′ windz), *n. pl.* 貿易風。商風（熱帯間ノ定風）
Trading (trād′ ing), *a.* 貿易ノ。商賣ノ
Trading (trād′ ing), *n.* 貿易。商賣
Tradition (tra-di′ shon), *n.* 交付。傳説

『附音挿図英和辞彙』第２版「貿易風…（熱帯間ノ定風）」

Trachy-dolerite. 粗面玄武岩
Trachyte. 粗面岩
Trachytic structure. 粗面岩質構造
Trade wind. 貿易風
Transcurrent fault. 横斷層
Transgression. (Unconformability ヲ見ヨ)
Translucent. 玲瓏
Transparent. 透明

『英和和英　地学字彙』Trade wind の項

『英和和英　地学字彙』Trade wind. 貿易風

OEDによれば、英語でも「貿易風」の意味のみが残った。

こうして、日本は米英と同じく俗称を正式の名称として今日にいたっている。したがって、先にもふれたが、現在でも地理学者の中に「貿易風」という名称は誤訳だと主張する人がいるのは理由のあることなのである。

†「海流」？「洋流」？

日中で要素の漢字の意味が違う例をさらに挙げよう。その一つは「海流」である。「海流」を現在中国では〝洋流〟という。「海」と「洋」は「海洋」という時には類義字同士の結合で、人々は意味の差をあまり感じていないかもしれない。しかし、日本人は「海流」を「洋流」とは呼ばない。なぜ、こんな違いが生じたのだろう。

ここには、日中での「海」と「洋」についての認識の差が反映している。

中国でもっとも古くからウミを表す字は「海」であった。許慎の『説文解字』（一〇〇）

には、

天池也、以納百川者也、从水毎声（一一篇・上）

（天の池で、多くの川を受け入れるものである。水の部に属し、毎が音）

とある。中国の古典（『山海経』や『列子』〈湯問〉）には、海には大きな谷があり、海の水はそこへ墜ちていくという記述もある。あるいは、「海晦也」（『釈名』）、つまり、「海とは暗いところである」という認識もあった（これについては異説もある）。

これに対し、「洋」は本来「川の名（水名）」であるが、重ねたかたちである「洋々」とともに、早くから「多い、広大な」という意味が生じていた。つまり、川や海そのものより、その水量の多さを形容することばであった。

「洋」がウミの意味をもつのが宋代であることを最初に指摘したのは、おそらく、東洋史学者の宮崎市定《みやざきいちさだ》であろう。中国人の世界観では、中国は「四海」に囲まれている。この「四海」とは、『論語』（顔淵）に「四海之内皆兄弟也」（四海のうち、みな兄弟である）とあるように、海そのものを指すというより、海と接する辺境の地を指すことばであった。

この「四海」のうち、「南海」を東西に分ける考え方が宋代に生まれた。すなわち「東南海」と「西南海」である。やがて、この「海」が「洋」に取って替わられ、そこから「南」が落ちると「東洋」「西洋」が成立する。宮崎によれば「東洋」「西洋」とは本来「南海」を東西に分けることばであった。そして、元代における「南海」の西端は、せいぜいインド、セイロンからペルシア沿岸方面にかけてであった。先にふれたマッテオ・リッチが明末に中国にやって来たとき、みずからを「大西洋人」、ポルトガル西方の海を「大西洋」と名づけたのは、この中国の伝統にしたがったものである。中国から見れば、「はなはだ辺境の西の地」という意味である。

もっとも、リッチやアレニはこの段階では「太平洋」にまだ「洋」の字を使っていない。たとえば、リッチは「太平洋」(実際は南太平洋)のことを最初「寧海」(静かな海、『坤輿万国全図』)、のちに「太平海」(『方輿勝略』一六一二)と呼んだ。アレニもリッチを受け「太平海」を使った(写真参照)。「寧」や「太平」は、マゼランが南アメリカ先端の海峡(マゼラン海峡)を越え、太平洋に出た後何日も無風の海域が続いたことにちなむ命名だが、それはもと南太平洋の小海域を指すことばであった。

この「海」が「洋」に変わり「太平洋」が現れるのは、先に挙げたミュアヘッドの『地

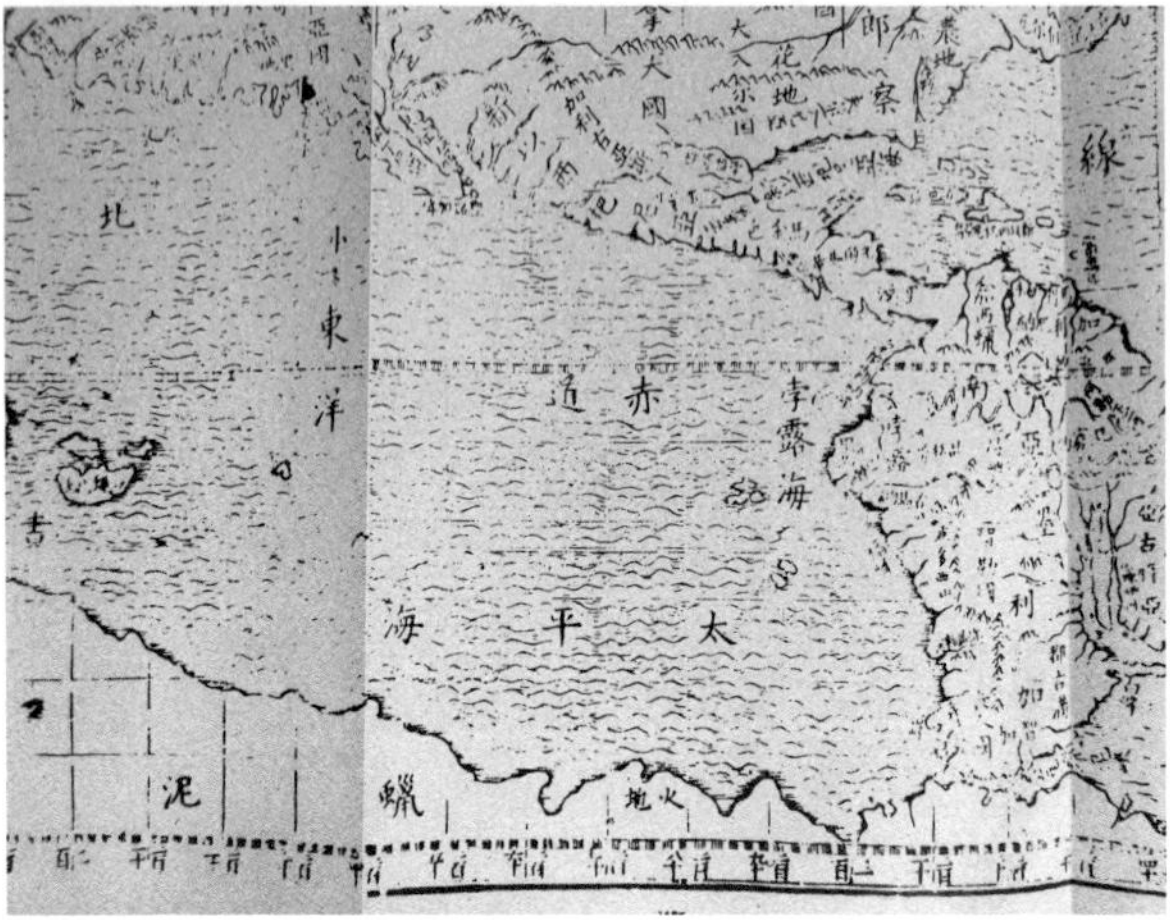

アレニ『職方外紀』「太平海」

理全志』が最初で、ウェイの『地球説略』（一八五六）、ブリッジマンの『聯邦志略』（一八六一）に継承される。そして、これがロプシャイトにも引き継がれる。ロプシャイト以降では、

sea　海　ocean　洋　大洋

のような使い分けが出てくる。

日本の蘭学から英学を反映する辞典類でも、

sea　海　ocean　洋　大洋　外海

のような分化が中国以上に見られるが、一

方で、ocean に「外海」を使ったりもしている。福沢諭吉はサンフランシスコで手に入れた英語単語集『華英通語』の増補版につけた訳では、「太平洋」にわざわざ「タイヘイカイ」とふりがなをつけている。日本における「海」の優勢さを物語るものである。

中国語ではこの〝海〟と〝洋〟を使い分けようとする造語がその後も見られるが、日本語では「洋」による造語は少数で、圧倒的に多いのは「海」の方である。ウミは和語として、漢語要素「海（カイ）」「洋（ヨウ）」の上位概念でもある。自然、音《おん》でも「海（カイ）」がウミを代表することになる。

†「氷河」は中国語では〝氷川〟？

日本語と文字の使用が異なるものとして「氷河／氷川」を取り上げよう。現在日本では「氷河」を使うが、中国では〝氷川〟という。どうしてか。

「氷河」というのは、『明鏡国語辞典』第二版（大修館書店）では、

高山や高緯度地方の万年雪が圧縮されて氷塊になり、その自重によって徐々に低地へ流れ下るもの。

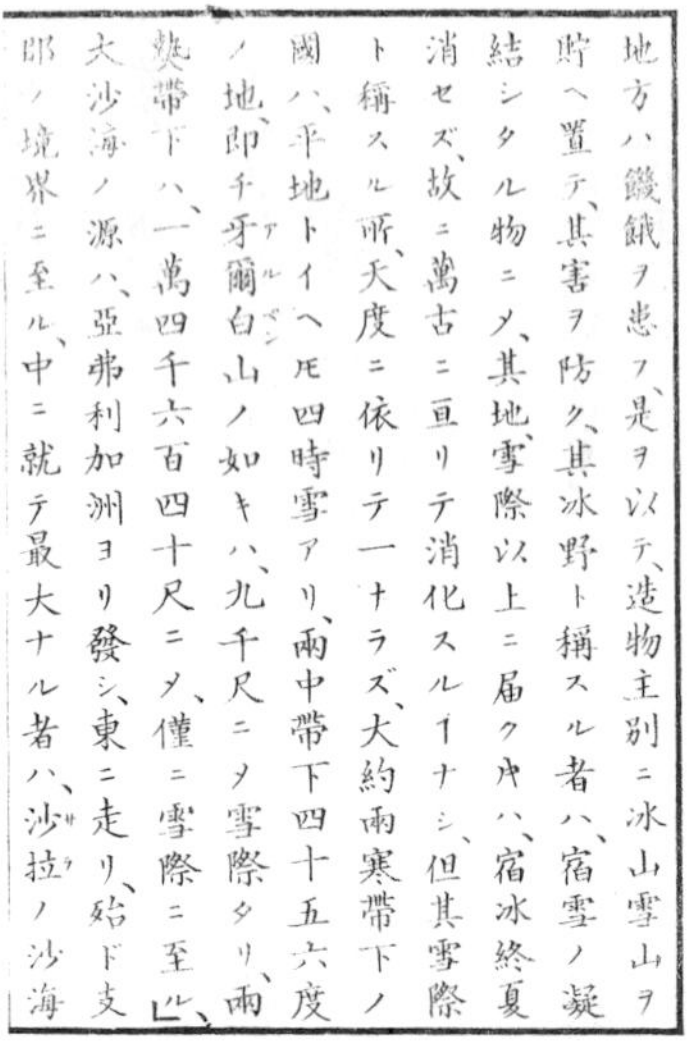

地方ハ饑餓ヲ患フ、是ヲ以テ、造物主別ニ冰山雪山ヲ貯ヘ置テ、其害ヲ防ク、其冰野ト称スル者ハ、宿雪ノ凝結シタル物ニシテ、其地、雪際以上ニ届クトキハ、宿冰終夏消セズ、故ニ萬古ニ亘リテ消化スルヿナシ、但其雪際ト称スル所、天度ニ依リテ一ナラズ、大約両寒帯下ノ國ハ、平地トイヘドモ四時雪アリ、両中帯下四十五六度ノ地、即チ牙爾白《アルペン》山ノ如キハ、九千尺ニシテ雪際タリ、両熱帯下ハ、一萬四千六百四十尺ニシテ、僅ニ雪際ニ至ル、大沙海ノ源ハ、亞弗利加洲ヨリ發シ、東ニ走リ、殆ド支那ノ境界ニ至ル、中ニ就テ最大ナル者ハ、沙拉《サハラ》ノ沙海

『坤輿図識補』「氷野（冰野）」は２行目

とある。他の国語辞典もほぼ同じような定義だが、三省堂『国語辞典』（第七版）は、

〔文〕こおりが厚くはりつめた川

という定義を第一義にしている。

「凍った川」ということである。なお、〔文〕は文章語の意味。

これに対し、中国の『現代漢語詞典』（第七版）では、見出しに〝氷河〟を挙げず〝氷川〟しか挙げていない。現代中国では〝氷河〟はすでに死語なのである。

「河」と「川」は一見同じ意味であるのに、どうしてこんな違いがあるのか。

そこに行く前に、もともと「氷河」はどう認識されていたかという話をしておきたい。

それは、「河」がついているとはいえ、「氷河」は本来動くものではないという認識があったことである。要するに単なる氷の塊という認識である。

たとえば、ミュアヘッドの『地理全志』（一八五三）ではこれを「氷田」と呼び、箕作《みつくり》省吾《しょうご》の『坤輿図識補』（一八四六）では、「氷野」と名付けている（写真参照）。わたしはスイスのブランデンブルグで「氷河」を見たことがあるが、それはやはり氷の塊であった。これを「田」とか「野」と命名したのもうなずけるというものである。

しかし、のち日本では「氷河」は移動するものであるという認識が広がった。日本での「氷河」の初出文献とされる神保小虎《じんぼうことら》『新編　小地質学』（一八九一）はこの認識を受けたものである（岩田修二「「氷河」という訳語の由来」）。

ロプシャイトの『英華字典』（一八六六—六九）の地理学用語は『地理全志』の影響を強く受けているが、そこでも、「氷河」は、「氷田　山上氷田」となっている（写真参照）。同じような認識は、そのあとのドーリットル『英華萃林韻府』（一八七二）でも同じで、「山雪氷田、山谷氷」とある。

ただ、そのあとのライエルの『地学浅釈』（一八七九）になると〝氷渓〟、

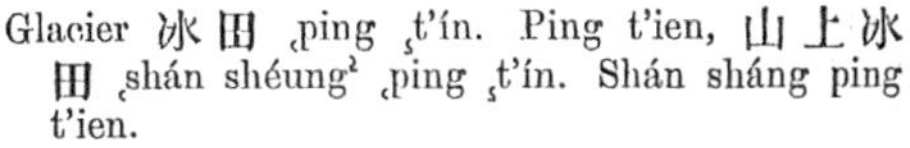
Glacier 冰田 ˛ping ˛t'ín. Ping t'ien, **山上冰田** ˛shán shéung² ˛ping ˛t'ín. Shán sháng ping t'ien.

ロプシャイト『英華字典』Glacierの項に「氷田」「山上氷田」の訳が見られる

フライヤーの『地理須知』（一八八三）では〝氷澗〟と呼ばれる。〝渓〟や〝澗〟は「谷間を流れる川」のことで、「氷河」は流れるものであるという認識が反映されている。

〝氷川〟を最初に使ったのは中国側資料

さて、中国で「氷河」の「河」が「川」に置き換わるのは、今のところ、エドキンズの『地理質学啓蒙』（一八八六）が最初である（写真参照）。エドキンズ（Edkins）はロンドン伝道会の宣教師で、布教のかたわら中国税関の翻訳官としても活躍した。中国語文法や仏教に関する本も著している中国学者でもある。かれにおいても「氷川」は流れるという認識がある。

以後、中国ではこの中国系の「氷川」と日本経由と見られる「氷河」が拮抗する。「氷河」を採用しているのは、日本語の影響を受けた『新爾雅』（一九〇三）、『辞源』（一九一五）の初版、『綜合英漢大辞典』（一九二七）、『増訂綜合英漢大辞典』（一九四八）などである。

これに対し、「氷川」を採っているのはヘメリングの英漢辞典『官話』（一九一六）で、これには「部定訳」という注記がついている。「部定訳」とは中華民国教育部選定語とい

ENGLISH-CHINESE DICTIONARY

OF THE

STANDARD CHINESE SPOKEN LANGUAGE

(官　話)

AND

HANDBOOK FOR TRANSLATORS,

including Scientific, Technical, Modern, and Documentary Terms.

BY

K. HEMELING, PH.D.,

Commissioner of Chinese Maritime Customs.

Based on the Dictionary of the late G. C. STENT, published 1905 by the Maritime Customs.

SHANGHAI:
STATISTICAL DEPARTMENT
OF THE
INSPECTORATE GENERAL OF CUSTOMS.

1916

『官話』扉

地理質學啓蒙　卷五

第十三圖

如圖爲氷川並其上成有行列之石塊沙泥磐石剝落等物附氷下流渙而成爲渾濁之河與絲氷磨就之羅列圖腳諸圓石式

定界處、即成一渾濁河流、滾滾奔下、

溝渠江河、其兩旁岸下與底凡爲水經行處者其間磐石並沙與土無論質之剛柔率皆受有磨剝諸損、詳見上之一百七十三節且大地上之鉅細石沙無不由於其間下攤入海、詳見上之

『地理質学啓蒙』「氷川」

う意味である。ただ、中華人民共和国成立後(一九四九年以降)、台湾では〝氷河〟(台湾国立編訳館)が、大陸では〝氷川〟(中国科学院編訳局、全国自然科学名詞審定委員会)が採用された。台湾の〝氷河〟は日本語の影響を受けた可能性が高い。

では、なぜ大陸では〝氷河〟でなく〝氷川〟を採用したのだろう。

〝川〟は典型的な象形文字で、その形は川の流れをかたどっている。といっても、実際には、中国の川は〝河〟と〝江〟で表される。〝河〟は本来黄河で、〝江〟は揚子江だ。単独でカワというときや人工の川、天空の河には〝河〟が使われる。たとえば、〝運河〟〝護城河〟(城の堀)〝銀河〟〝天河〟

（天の河）などである。

ただし、カワの固有名詞としては〝河〟と〝江〟が使われる。

橋本萬太郎によれば、揚子江を境にして、北の方の川は、「海河　淮河　遼河　桑乾河　黄河」のように、〝○河〟となるのに、南の方の川は、「漢江　璃江　珠江　銭塘江」など〝○江〟が多いという。これは古代中国における南北の言語の差からきているのではないかという（『言語類型地理論』）。

これに対し、〝○○川〟というのはほとんどない。あるのは平原の意味で使われる〝平川〟ぐらいである。

ただ、文語的な用法としては〝河川〟〝高山大川〟〝百川帰海〟など川の意味でも使われる。わたしは中国における〝氷川〟は、専門用語として区別するために、このふだんカワの意味で使われない文語的な〝川〟という字を意識的に使ったのではないかと考えている。

†中国人の形象的な造語法

さて、中国語的な造語法として、ここまでは漢字の使い方の日中での違いを問題にしてきた。しかし、中国語的な造語法は、単に漢字の上でのそれだけではない。先に江戸時代の日本人がオランダ語の原語を訳すのに逐語訳を好むということを述べた。中国語でも、hotdog→〝熱狗〟、football→〝足球〟などのような造語法もあるが少数である。それよりも、即物的というか形象的な造語法がある。つまり、ものの形になぞらえた造語法である。たとえば、第三章で取り上げた「半島」はのち日中共通になったが、もと中国では、

土臂（『英語集全』一八六二）
土股（『英華萃林韻府』一八七二）

などという訳語も考案された。前者の「臂」は「日中同形語の窓②」でも触れたが、「ウデ」のことである。半島とは「つちのうで」のようなものだというのである。後者の「土股」の「股」は同じくこのあとの「日中同形語の窓⑤」でも触れるが、マタではなくモモのことである。「つちのもも」である。日本ではオランダ語の逐語訳で「半島」がつくられたが、それに対応する語が、中国語では「うで」とか「もも」のようだというメタファー（比喩）でつくられたのである。

また、大陸と大陸を結ぶ狭い部分を日本語では「地峡」というが、これは、

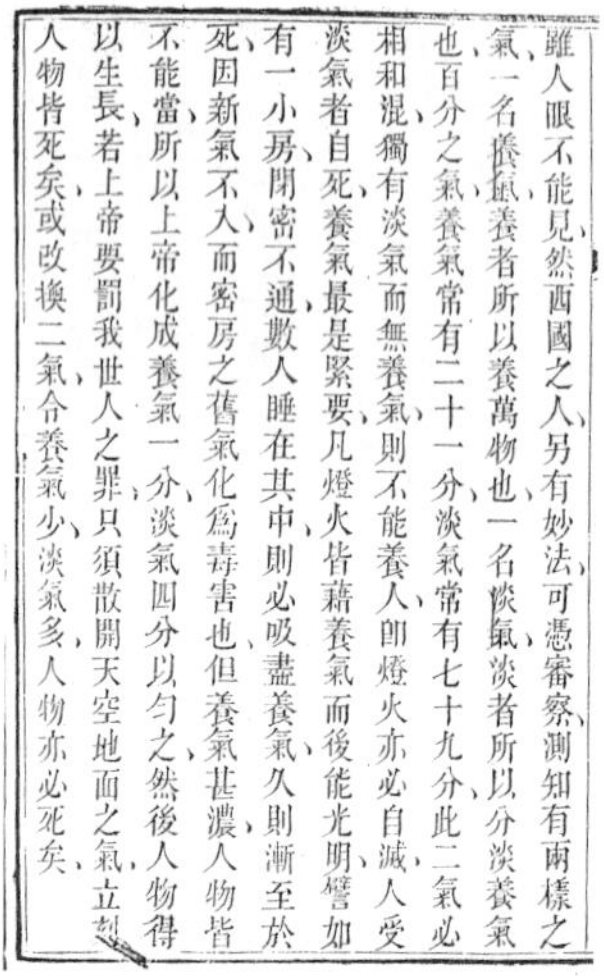
雖人眼不能見然西國之人另有妙法可憑審察測知有兩樣之氣一名養氣養者所以養萬物也一名淡氣淡者所以分淡養氣也百分之氣養氣常有二十一分淡氣常有七十九分此二氣必相和混獨有淡氣而無養氣則不能養人卽燈火亦必自滅人受淡氣者自死養氣最是緊要凡燈火皆藉養氣而後能光明譬如有一小房閉密不通數人睡在其中則必吸盡養氣久則漸至於死因新氣不入而密房之舊氣化爲毒害也但養氣甚濃人物皆不能當所以上帝化成養氣一分淡氣四分以勻之然後人物得以生長若上帝要罰我世人之罪只須散開天空地面之氣立刻人物皆死矣或改換二氣合養氣少淡氣多人物亦必死矣

『天文略論』「養気」英国図書館

土腰（『英華萃林韻府』一八七二）
地頸（『英華大辞典』一九〇八）

などと呼ばれた。前者は「腰」、後者の「頸」は「くび」である。この「頸」も書きことばで、〃長頸鹿〃といえば「キリン」のことである。日本語では「キリン」という外来語をそのまま取り入れているが、それをわざわざ「長い首の鹿」と訳すのは、とても中国的である。

これ以外ではどうか。化学用語は、日本製のものが江戸時代にたくさんつくられ、中国からの影響をほとんど受けなかった分野だが、逆に中国にも影響を及ぼさなかった。それらは中国ではどう訳されてきたか。対比してみよう。

〈日本〉　〈中国〉

酸素 ↓ 養気（氧気）
水素 ↓ 軽気（氢気）
窒素 ↓ 淡気（氮気）

〝養気〟とは「万物を養う気」、〝軽気〟は「その性質が最も軽いもの」、〝淡気〟とは「酸素の濃いものを薄めるもの」という説明がホブソンの『天文略論』（一八四七）に出ている（写真参照）。これらは現在、元素記号としては〝O（氧）〟〝H（氢）〟〝N（氮）〟のようにそれらしい格好をしているが、実はすべて簡体字の音を表す部分〝養↓羊〟〝軽↓𢀖〟〝淡↓炎〟に〝气〟を冠しただけのものである。

【日中同形語の窓⑤】股／脚

〝股〟は体の「また」ではない！

現在日本では「股」を「また」と読んでいるが、本来は「もも」のことである。これについては『漢辞海』の記述がすぐれている。すなわち、「股」を「またぐら」の意味に取るのは「日本語用法」で、中国語としての「股」は「脚のひざから上の部分。大腿。もも」とあるのが正しい。戦国時代、洛陽の人、蘇秦は読書をしている時、眠くなると錐で「股」を刺して勉強を続けたという（『戦国策・秦一』）。これがマタではたいへんなことになる。

日本の古辞書では、「股」の字をある時期まで「もも」と読んでいたが、江戸時代、一五、一六世紀の『節用集』（「黒本本」「伊京集」「天正本」「饅頭屋本」「易林本」など）には「また」と読むものも出てきた。もっとも、ヘボンの『和英語林集成』では初版（一八六七）から第三版（一八八六）まで一貫して、「もも」「また」両方に「股」の字を当てている。

これに少し遅れる、大槻文彦の『言海』（一八八九—九一）では、「また」は、

胯（脚ノ叉ノ意）股ト股トノ間。アタグラ。

と「胯」の字を当てている。「もも」の方は、

股。脚ノ上部。腰ニ接ク処。

で、ここでも、「股」はまだ「もも」と読まれている。

時代は下るが、昭和六年（一九三一）の研究社『新和英大辞典』（初版）でも、「股」は「もも」「また」両方の表記に当てられている。なお、この辞書は和英辞典であるが、日本語の変遷を見る上でも貴重なものである。

ところで、わたしがずっと気になっていたのは「股関節」を中国語でなんと呼ぶかである。というのは、〝股〟は中国語では「もも」のことであり、〝股骨〟は大腿部の骨を指す。一方、「股関節」とは骨盤とこの大腿部の骨との結合部分である。これを〝股関節〟と呼ぶのはおかしい。いろいろ調べてみると、これはどうも〝髖関節〟というらしい。〝髖〟は「こしぼね」と訳したりするが、要するに骨盤を形成する骨の一つである。

脚は中国語では foot の意味！

日本語の「脚」は音読みでキャクと読めば、英語でいう leg、つまり足首から腰までの部分を指す。たとえば、「O脚、X脚、脚線美、美脚」の「脚」はこの leg の意味である。

しかし、〝脚〟は古く中国では「膝から下の部分」であった。『説文解字』（一〇〇）（四篇下）には、

段玉裁の注（段注）「脚」

「脚　脛也」（くるぶしから膝までの部分）

とあり、『説文解字』のすぐれた注釈、清の段《だん》玉裁《ぎょくさい》の注（段注）には、「股与脚以膝為中……」（股と脚とは膝を中にする）とある。ここの〝股〟は先にも述べたように「もも」のことでなければおかしい。

ところが、現代中国語では〝脚〟はfootの部分、足首から下の部分を指す。つまり意味の幅が狭くなったのである。したがって、〝脚〟は靴を履く部分であるので、日本人が使う「美脚」（美しい脚）ということばは中国人には理解し難いという。あるいは、中国語には〝美〟に動詞用法もあるので、「footを美しくする」となって、これはなおさら理解し難いようだ。

ページの下につけられた注＝「脚注」はfoot noteというが、これは中国語の「脚」がfootの意味をもつようになってつくられたものである。

一九一七年に出たヘメリングの英漢辞典『官話』には、

Footnote　註脚

商務印書館から一九二七年に出た『綜合英漢大辞典』には、

脚註、底註（頁底之註＝ページの下の注）

とある。日本ではさきにも挙げた『研究社和英大辞典』（初版）に「脚註」が出ている。

一方、現代中国語における leg（ズボンをはいている部分）は〝腿〟という。「大腿骨」の「腿」である。つまり、中国語では、日本語の「足が太い」は〝腿〟、「足が大きい」は〝脚〟を使って言い分けないといけないのである。

第五章

「空気」は日中双方でつくられた？

——成り立ちに謎がある漢語

1 「空気」

一般に、近代にできた漢語というのは、日中どちらかでできて、どちらかに伝わったものがほとんどである。たとえば、これまでの範囲でいうと、「熱帯」「貿易風」は中国ででき て日本へ伝わったし、「回帰線」「半島」「健康」などは日本でできて中国へ伝わった。しかし、中には双方で別々にできたとか、どちらとも言い難いものがいくつか存在する。第五章ではそういう漢語について考えてみたい。

†「空気」の「空」はどういう意味？

「空気」といえば現在KY（空気を読めない）という言い方をよく聞く。この「空気」は本来の「空気」の派生義である。では、そもそも本来の「空気」はどうして生まれたのか。

わたしは最初「空気」の「空」の字にひっかかった。「空」とはなにか。ソラのことなのか。それともクウ＝からっぽという意味なのか。手元にちょうど地球化学者の三宅泰雄氏の『空気の発見』という本があったので見てみた。すると、そこには、もともと、空気の「空」という字は、「なにもない」という意味をもち、またなにもない、「そら」の意味をもつ字であり、「気」は「きもち」とか、「たましい」という意味をもった字です。

とあった。地球化学の専門家にとって「空気」のなにかはわかっていても、そのことばがいかにしてできたかを説明することは難しい。

ちなみに『説文解字』（七篇下）では「空」を「竅《あな》」と解釈している。すると、

穴→からっぽ→そら

という意味発展が考えられる。

では、「空気」の「空」とはなんなのか。

中国近代における翻訳事業で大きな役割を果たしたイギリス人宣教師フライヤー（Fryer　傅蘭雅）の『気学須知』（一八八六）第一章では、「空気」を、

第一章略論空氣靜性
空氣爲流行縹緲之物古人列爲四行之一謂能長養萬
物者也其彌漫於地球周圍猶如氣海高厚約一百三十
餘里故地面一切人物皆得受其包涵凡各孔各隙亦能
無微不入因其目不能見手不得捫故曰空氣然實非空
確有質性可驗茲先將其平常靜性略爲言之
空氣有質○空氣爲物極薄極輕最易漫散視之無形撫
之無體似乎無實質也然試以手搖之即覺觸手以扇揮
之隨扇生涼而口鼻呼吸亦覺其出入若成爲風則耳能
聞其聲響目可辨其方向帆船藉之以駛行風車賴之而
氣學須知

『気学須知』「空気」

目で見ることができず、手でさわることができない。それで空気という。しかし、実際には空《くう》ではなく、確かめることのできる実体がたしかにある。
(因其目不能見、手不能捫、故曰空気、然実非空、確有質性可験)

と説明している(写真参照)。フライヤーがこの物体を「空気」と名付けたのは、それが本来「空洞」であると考えたからである。しかし、後半では、「空気」は実体のある物質であると補っている。

面白いのは、明治の初年頃の教科書には、福沢諭吉をはじめ、この「空気」や「大気」をフライヤーのように解説したものがたくさんあったことである。今、そのうちの一つ『小学化学書』(明治七(一八七四))を挙げる。

凡ソ人速ニ手ヲ振リ動セハ気ノ指間ヨリ漏ルヽヲ覚エ又扇ヲ動セハ気ノ顔ニ中ルヲ覚ユ是レ空中ニ大気ノ充テル証拠ナリ

（第三章「第八回　大気ノ成立ヲ論ス」）

†「空気」はアリストテレスまで遡る！

さて、わたしが最初「空気」の成り立ちに疑問をもったのは、「空」の意味であったが、やっていく中でたいへんなことに気づいた。それは、「空気」の語源を調べようとすると、アリストテレス哲学まで遡らなくてはならなくなったということである。

アリストテレスはこの世（地上）のものは、すべて、それ以上分解できない四つの元素から成り立つと考えた。

土　水　火　空気

である（「天上界」にはこれにエーテルが加わる）。この中に「空気」が含まれていた。

アリストテレスの哲学は、イエズス会の東洋布教とともに、中国へ、そして日本へと伝えられた。中国ではマッテオ・リッチ等がこれを訳したが、それはあとで見ることにして、まず日本側の資料について見てみよう。

日本では、一七世紀中頃成立の沢野忠庵《さわのちゅうあん》による『乾坤弁説』、一七世紀後半成立の小林謙貞《こばやしけんてい》の『二儀略説』にアリストテレスの哲学が紹介された。そこではこの四元素は、

地　水　火　風

と訳された。「空気」を「風」と訳していることに注意してほしい。実はこの四つは仏教での、この世を構成する四つの要素（四元素）を援用したものなのである（中村一九六六）。

†「空気」を使った前野良沢

では、これ以外の書では「空気」はどう扱われているのか。先にふれた前野良沢は『管蠡秘言《かんれいひげん》』（一七七七）の中で、

侵入ハ空ノ性ナリ……空気ハ侵入ノ力アレドモ
空ノ圧ス力／空気圧ス力

空気ノ地球ヲ包ム者ニシテ

のように、空気を、「空」や「空気」と呼んでいる。「管蠡」とは、管で覗《のぞ》き、ほら貝で海の大きさを測るような、狭い見識というへりくだったことばである。

本来なら「空気」あるいは「気」といえばわかりやすかったのだが、良沢は「空気」＝「空」とした。これがおそらく、「空気」ということばの意味をわかりにくくさせ、弟子や仲間たちへの継承を難しくした原因の一つであろう。しかしどちらにせよ、ここで「空気」ということばが使われているのはたしかである。したがって、日本で最初にその著作で「空気」を使ったのは前野良沢ということになる（杉本二〇一五）。

ただ、良沢は別の著、蘭語語彙集『和蘭訳筌《おらんだやくせん》』（一七八五）では、

四つの元素　ヒュウル火　ワテル水　リュクト空〈即気〉　アアルデ地

De vier hoofd Stoffen　Vuur　Water　Lucht　Aaarde

としている。これはオランダ語の原語を日本語で言い換えたものだが、ここでは「リュク

ト空」とするものの、「空〈即気〉」とあるので、良沢の「空」は「気」の意味であったと理解はできる。

先の『乾坤弁説』『二儀略説』と比べると、

『乾坤弁説』『二儀略説』	地	水	火	風
前野良沢	地	水	火	空（＝気）

となる。仏教系の用語である「風」が良沢では「空（＝気）」に置き換わっている。

†中国での翻訳

では、マッテオ・リッチは「空気」をどう訳したか。アリストテレスの四元素説を、日本よりも早く中国へ紹介したのはリッチたちイエズス会の宣教師たちであった。リッチは、先に挙げた『乾坤体義』の中で、アリストテレスの四元素を、

土　水　火　気

と訳した（写真参照）。また彼は『坤輿万国全図』の地図の周辺につけた解説「四行論略」の中でも同じ訳を使用している。アレニなど他のイエズス会師も同じであった。

キリスト教は仏教を激しく排斥するが、リッチもまた、仏教の「地　水　火　風」説を批判した。リッチによると、「土」と「地」の違いは大きくないが、問題は「風」で、「気が動いてはじめて風が発生する」。したがって、より本源的なものは「気」であって「風」ではないというのである。これはわかりやすい。

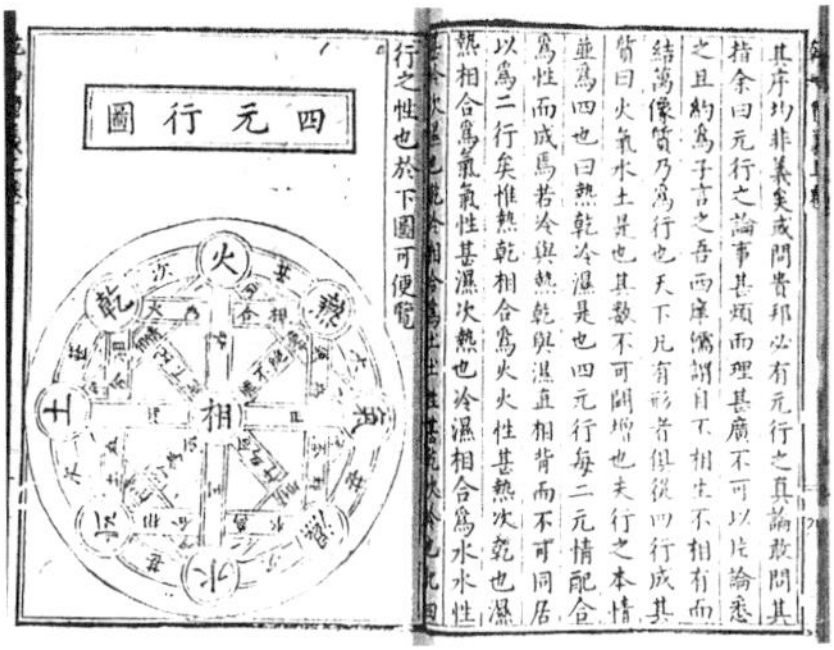
其序均非義矣或問貴邦必有元行之真論敢問其
指余曰元行之論事甚煩而理甚廣不可以片論悉
之且約爲子言之吾西庠儒謂自不相生不相有而
結萬像質乃爲行也天下凡有形者俱從四行成其
質曰火氣水土是也其數不可闕增也夫行之本情
並爲四也曰熱乾冷濕是也四元行每二元情配合
爲性而成焉若冷與熱乾與濕直相背而不可同居
以爲二行矣惟熱乾相合爲火火性甚熱次乾也濕
熱相合爲氣氣性甚濕次熱也冷濕相合爲水水性
[illegible]
行之性也於下圖可便覽

四元行圖

『乾坤体義』（神戸市立博物館蔵）

ここで以上をまとめてみると、つぎのようになる。

『乾坤弁説』『二儀略説』仏教	地	水	火	風
前野良沢	地	水	火	空
リッチたち	土	水	火	気

ところで、中国では、「天の気」(天の気体)を「天気」と呼び、「地の気」(地上の気体)を「地気」と呼ぶ言い方が古くからあった。さらに、「天」と「地」の中間の部分にも「気」がつまっていると考えていた(たとえば方以智『物理小識』)。すなわちそれが「空中之気」あるいは「空気」である。ただ、それはあくまで「天」と「地」の中間地帯＝「空《くう》」の「気」という意味であり、今日の「空気」が成立したことにはならない。近代中国の「空気」は、アリストテレス哲学から脱したところから出発する。それをつぎに見てみよう。

†近代中国での成立

近代中国の「空気」はアリストテレスのドグマが崩壊したところから出発した。つまり、アリストテレスは「空気」はそれ以上分解できない純粋な物質と考えたのだが、周知のように「空気」は「酸素」「窒素」「水素」等からできていることが一八世紀にラヴォアジェらによって証明された(村上一九七一)。

では、現代につながる近代中国の「空気」はどうやって生まれたのか。

一九世紀の中国でのいわゆる漢訳洋書を見ていると、『地理全志』『智環啓蒙』『六合叢《りくごうそう》

談《だん》』『談天』『格物入門』『地学浅釈』『測候叢談』等多くの書に、

天空之気
天空気
天気
空気

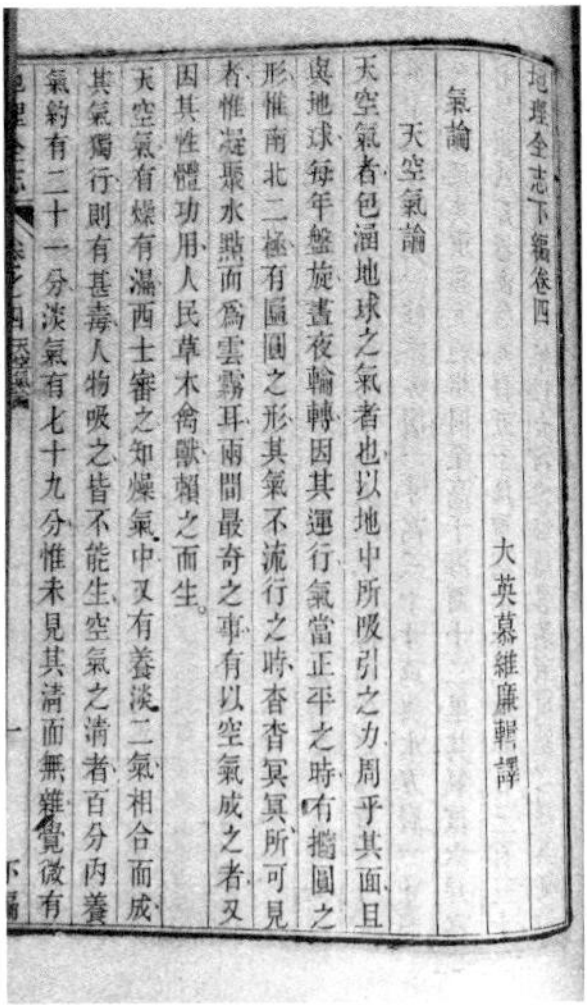
地理全志下編卷四
大英慕維廉輯譯
氣論
天空氣論
天空氣者包涵地球之氣者也以地中所吸引之力周乎其面且與地球毎年盤旋晝夜輪轉因其運行氣當正平之時有橢圓之形惟南北二極有區圓之形其氣不流行之時杳杳冥冥所可見者惟凝聚水點而爲雲霧耳兩間最奇之事有以空氣成之者又因其性體功用人民草木禽獸賴之而生。
天空氣有燥有濕西士審之知燥氣中又有養淡二氣相合而成其氣獨行則有甚毒人物吸之皆不能生空氣之清者百分內養氣約有二十一分淡氣有七十九分惟未見其濁而無雜覺微有

『地理全志』「天空気論」

ということばが出てくる（一つの書で複数のことばが出てくる場合もある）。

日本語でソラというと「空」という漢字を思い浮かべるかもしれないが、現代中国語ではソラは〝天〟であり、その書きことばが〝天空〟である（「天空」は日本語にもある）。それは、つまり、近代中国での〝空気〟は、先

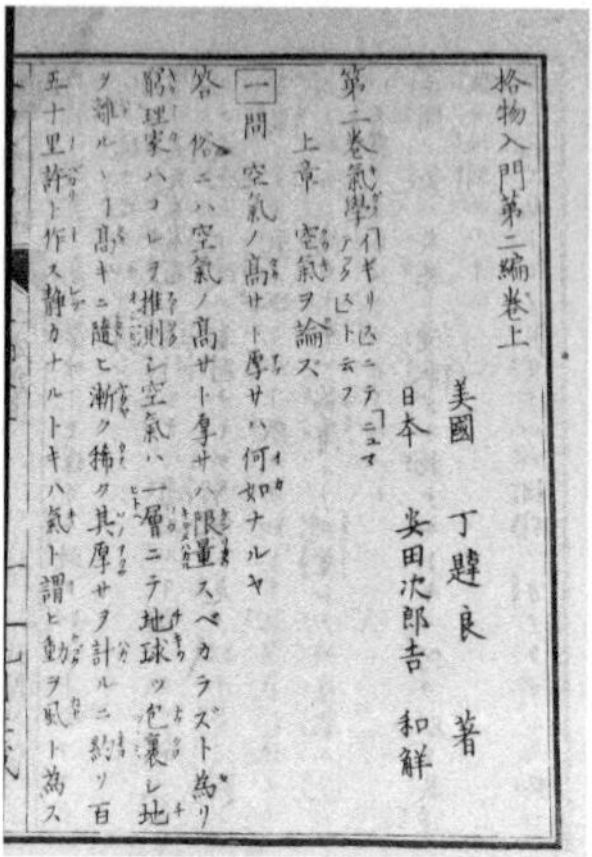

格物入門第二編巻上

美國 丁韙良 著

日本 安田次郎吉 和解

第二巻氣學

上章 空氣ヲ論ス

一 問 空氣ノ高サト厚サハ何如ナルヤ

答 俗ニハ空氣ノ高サト厚サハ限量スベカラズト為リ窮理家ハコレヲ推測シ空氣ハ一層ニテ地球ヲ包裹シ地ヲ離ルヽコト高キニ随ヒ漸ク稀ク其厚サヲ計ルニ約ソ百五十里許ト作ス静カナルトキハ氣ト謂ヒ動ヲ風ト為ス

『格物入門和解』「空気」と言い換えている

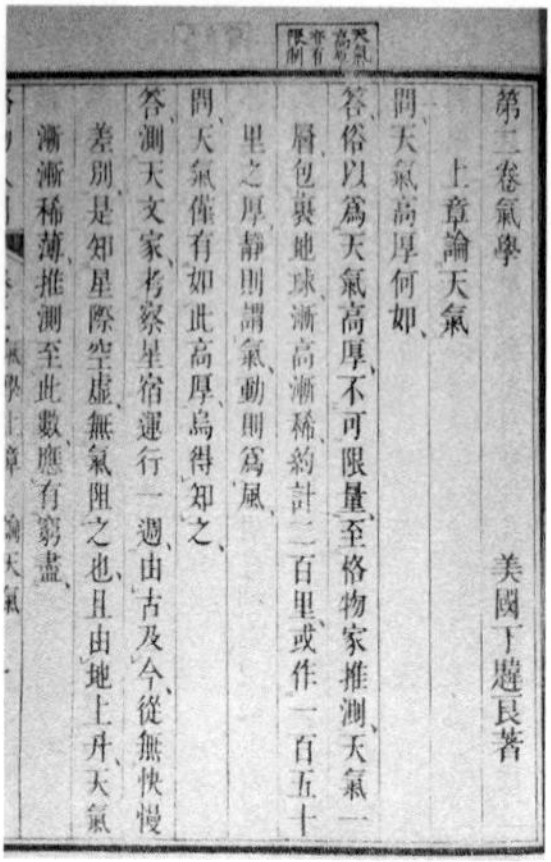

第二卷氣學 美國丁韙良著

上章論天氣

問天氣高厚何如、

答俗以爲天氣高厚、不可限量、至格物家推測、天氣一層包裹地球、漸高漸稀、約計二百里、或作一百五十里之厚、靜則謂氣、動則爲風、

問天氣僅有如此高厚、烏得知之、

答測天文家考察星宿運行一週、由古及今、從無快慢差別、是知星際空虛無氣阻之也、且由地上升、天氣漸漸稀薄、推測至此數、應有窮盡、

『格物入門』「天気」

に述べたような「天」と「地」の間にある「空」の「気」として生まれたのではなく、単に「ソラの気、天空の気」として生まれたということである。

興味深いのは、「天空之気」「天空気」が略されたときどうなるかである。一つはもちろん「空気」だが、もうひとつは「天気」となる可能性があった。たとえば、日本でも翻刻が出た『智環啓蒙塾課初歩』『格物入門』は「天気」を採用した。ところが、後者を日本語に翻訳した『格物入門和解』(一八七〇)では、これを「空気」と言い換えている(写真参照)。これは当時、日本では「天気」はweatherの訳語として使われ、airの訳語としては「空気」

の方が優勢であったことを物語る。

†良沢以後は日本でどう継承されたか

では、日本での「空気」の普及はこうした漢訳洋書の伝来によるものであろうか。それとも、先に見たように、良沢以後の日本での継承によるものであろうか。「空気」は良沢の弟子たちが編んだ『ハルマ和解』には採用された。そこにはつぎのようにある。

lugt　空気
lugten　空気ヲアタル（空気にさらすこと——荒川）

しかし、『ハルマ和解』の簡約本である藤林普山の『訳鍵』には継承されなかった。『訳鍵』に載せられなかったということは、その増補本である『増補改正訳鍵』にも採られなかったということである。

一方、長崎でつくられた『ヅーフハルマ』（長崎ハルマ）にも「空気」は出てこない。その校訂本である『和蘭字彙』でも同じである。

では、「空気」はここで途絶えたかというとそうではない。「空気」は良沢の弟子の大槻玄沢がかかわった幕府の一大翻訳事業『厚生新編』（一八一一—四〇）の中では使う者もいた。もっとも、その多くは「気」「大気」「濛気」を使い、「空気」使用者は少数派であった。

江戸後期に、西洋薬物学や西洋化学の翻訳紹介に努めた宇田川榕菴などは「空気」を徹底的に嫌った。かれの著述で、後世に大きな影響を与えた『遠西医方名物考補遺』（一八三四）や『舎密《せいみ》開宗《かいそう》』（一八三七）で、かれは「大気、濛気」は使うが「空気」を排除した。これは先に述べた『海上砲術全書』（一八五四）の翻訳に際しても同じであった。

しかし、『厚生新編』の後半、巻一〇から巻二〇を担当した、品川梅次郎、竹内玄同《たけうちげんどう》、杉田成卿、杉田立卿《すぎたりゅうけい》らは「空気」を使用した。面白いのは、大津の膳所《ぜぜ》藩医、山本周輔などは空気銃のしくみを説いた『究理大成空気論』（一八一八—三〇）において「空気」を使用していることだ（松田清二〇〇三）。これもそうだが、「空気」は幕末における洋学の軍事化とともに「砲術」関係書にしばしば顔を出す。

†「空気」と「大気」「濛気」のせめぎ合い

幕末の地理学者、箕作省吾《みつくりしょうご》は地理学書『坤輿図識・坤輿図識補』（一八四六―四七）を書かんとし、途中で病に倒れ、そのあとを義父である箕作阮甫《げんぽ》が完成させたが、そこには興味深い記述が見える。すなわち、

> 濛気《もうき》ノ生ズルヤ、其源多端ニシテ、諸般ノ気相聚《あつま》リテ、此一種ノ質ヲ就《な》ス者ナリ、世人之ヲ空気トナヅグ　即チ清濛気（巻一）

とある（傍線部は荒川による、以下同）。ここでは「濛気」や「清濛気」を正統な用語として置いているが、「空気」を人々に理解しやすいものとして考えていたようだ。

このあと「空気」を使用した書を挙げてみよう。

> 砲術語選（一八四九）　空気　又作濛気
>
> 泰西三才正蒙（一八五〇）　濛気ハ、其本精微ノ流動質ト諸ノ瓦斯質相混淆シテ

成也、之ヲ尋常空気ト云

気海観瀾広義（一八五一）　雰囲気　大気　空気
海上砲術全書（一八五四）　大気　空気
民間格致問答（一八六二）　空気
英和対訳袖珍辞書（一八六二）　空気

『砲術語選』は、上田《うえだ》仲敏輯《なかとししゅう》となっているが、実はその弟子で、語学の天才と称された柳《やな》河春三《がわしゅんさん》の著とされるものである。春三は幕末に幕府の翻訳所に入り活躍した人で、のちに『英和対訳袖珍辞書』慶応二年増補版の編集にも参加している。『泰西三才正蒙』は地理学者の永井則（青崖）の作で、「濛気」を最初に置きながらも、「之ヲ尋常空気ト云」という（写真参照）。これは先の箕作省吾『坤輿図識・坤輿図識補』の「世人之ヲ空気トナヅグ」についてもいえることで、専門用語である「大気」や「濛気」に対し「空気」は一般の人々に理解しやすいものとして親しまれていたのだろう。

『気海観瀾広義』は幕末の化学者川本幸民の著であるが、これはその岳父である青地林宗の『気海観瀾』を増補したものである。この中に、『気海観瀾』で、

卵殻有気孔、外気襲入而敗之（五オ）

としているところを『広義』で、

卵殻亦気孔アリ、……卵ノ腐敗スルモ空気其孔ヨリ滲入スルニ因ル（巻二―三オ）

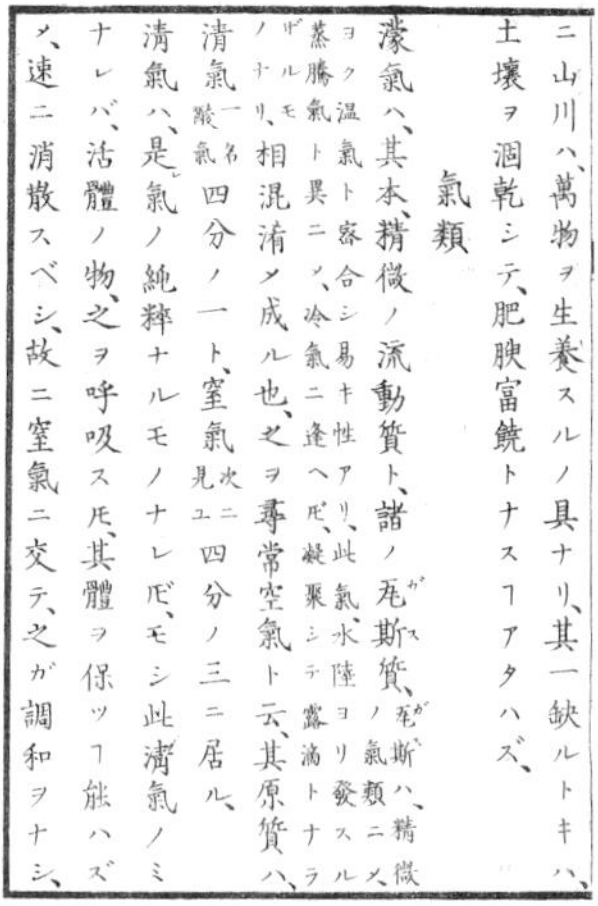
ニ山川ハ、萬物ヲ生養スルノ具ナリ、其一缺ルトキハ、
土壌ヲ涸乾シテ、肥腴富饒トナスヿアタハズ、
氣類
濛氣ハ、其本、精微ノ流動質ト、諸ノ瓦《ガ》斯《ス》質、瓦《ガ》斯《ス》ハ、精微ノ氣類ニメ、ヨク温氣ト容合シ易キ性アリ、此氣水陸ヨリ發スル蒸騰氣ト異ニメ、冷氣ニ逢ヘ𪜈、凝聚シテ露滴トナラザルモノナリ、相混淆メ成ル也、之ヲ尋常空氣ト云、其原質ハ、
清氣一名酸氣四分ノ一ト、窒氣次ニ見ユ四分ノ三ニ居ル、
清氣ハ、是レ氣ノ純粋ナルモノナレ𪜈、モシ此清氣ノミ
ナレバ、活體ノ物、之ヲ呼吸ス𪜈、其體ヲ保ツヿ能ハズ
メ、速ニ消散スベシ、故ニ窒氣ニ交テ、之ガ調和ヲナシ、

『泰西三才正蒙』引用部は左から５行目

としている（写真参照）。解説がわかりやすくなっているだけでなく、幸民は林宗が「外気」とした箇所を「空気」と変えているのである。幸民は「空気」の存在を知らなかったか、「空気」という語を使うのに抵抗があったかである。

『民間格致問答』は大庭《おおば》雪斎《せっさい》の訳書。平易な口語体の文章でオランダ語の自然科学書を訳したものである。大庭は佐賀の出身で、若くしてオランダ語を学び、二〇歳の頃長崎でシーボルトに師事、その後佐賀にもどったが、ついで大坂の蘭学者、中天游《なかてんゆう》のもとで、緒方洪庵らと蘭学を学んだ。その後再び佐賀にもどり、藩の御殿医を務めるかたわら蘭学の普及に努めた（『現代語訳　大庭雪齋「民間格致問答」』解説）。

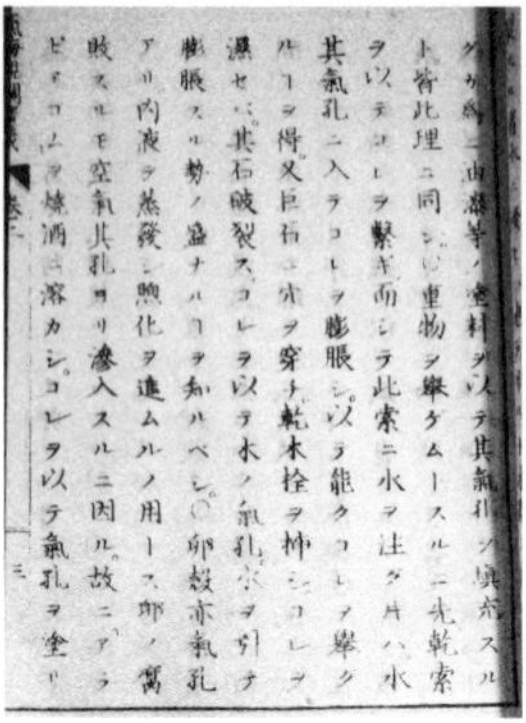

ケガ爲ニ油漆等ノ塗料ヲ以テ其氣孔ヲ填充スル
ト皆此理ニ同ジ○重物ヲ舉ケムトスルニ先乾索
ヲ以テコレヲ繫ギ而シテ此索ニ水ヲ注グ片ハ水
其氣孔ニ入ラコレヲ膨脹シ以テ能クコレヲ舉ク
ルコヲ得。又巨石ニ穴ヲ穿チ乾木栓ヲ挿シコレヲ
濕セバ其石破裂ス。コレヲ以テ水ノ氣孔ニ引テ
膨脹スル勢ノ盛ナルコヲ知ルベシ。○卵殻亦氣孔
アリ內液ヲ蒸發シ煦化ヲ進ムルノ用トス。卵ノ窩
眼スルモ空氣其孔ヨリ滲入スルニ因ル。故ニアラ
ビヤゴムヲ焼酒ニ溶カシ、コレヲ以テ氣孔ヲ塗リ

『気海観瀾広義』「空気」

文久二年壬戌三月官許
大庭雪齋譯本
民間格致問答
思無邪齋藏

『民間格致問答』扉

「空気」が訳語の主流になる原因は？

「空気」が、幕末から明治初期にかけ、訳語の主流になっていくのは、こうした一般での普及とともに、漢訳洋書の伝来、その和刻本の出版という外来の要素が加わったことが関わっていると考えられる。たとえば、「空気」を載せる、和刻本『地理全志』下巻（一八五九）、和刻本『官版　六合《りくごう》叢談』（一八六〇頃）刪定本（キリスト教関係の記述を削ったもの）は、先の『民間格致問答』や『英和対訳袖珍辞書』より前に出ているし、同じく「空気」を載せる和刻本『談天』（一八六一）も『袖珍』以前に出ている。

さらに、石坂堅壮口授・神崎有隣筆記の『博物新編記聞』（一八七四）では、つぎのように「空気」は（「大気」「天気」とともに）中国から伝わったものとみている。ここは「地気」についての解説の箇所である（写真参照）。

> 地気　原名『ダンプキリングス、リュクト』ト云先哲名義ニ由テ種々ノ訳名ヲ下ス曰雰囲氣。曰濛気輪。曰霧環。曰濛氣。曰雰気。等ナリ蓋シ漢人ノ空気或ハ大気其他天気ト称スル者皆之ヲ斥《さす》ナリ

『博物新編記聞』はこれまで何度も引用した、ホブソンの『博物新編』の注釈書の一つである。「石坂堅壮口授・神崎有隣筆記」とは、石阪が口頭で説明し、神崎がそれを筆記したということである。一文目の最後に「雰囲気」とあるが、ここから「雰囲気」がもとも

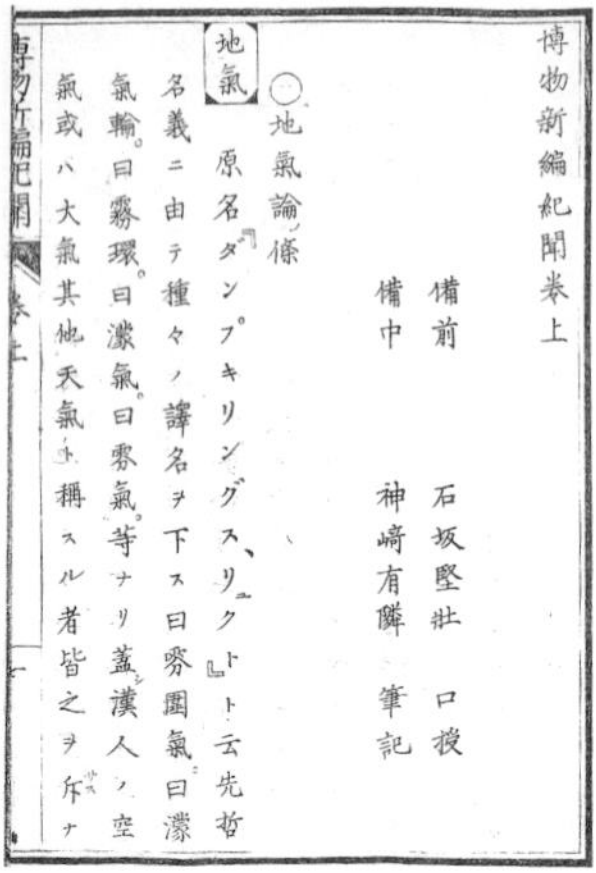
博物新編紀聞巻上
備前　石坂堅壮　口授
備中　神崎有隣　筆記
○地氣論ノ條
地氣
原名『ダンプキリングスリュクト』ト云先哲名義ニ由テ種々ノ譯名ヲ下ス曰雰圍氣曰濛氣輪。曰霧環。曰濛氣。曰雰氣。等ナリ蓋漢人ノ空氣或ハ大氣其他天氣ト稱スル者皆之ヲ斥《サス》ナ

『博物新編記聞』「地気」

と空気の意味であったこともわかる。蘭学の伝統より、人々が幕末から明治初期にかけ、漢訳洋書を通して「空気」という語に馴染んでいたことを物語っている。

「空気」は、一部の蘭学者には使用されたし、一般にも人口に膾炙《かいしゃ》していたふしがある。しかし、学術用語としては主流になりきれなかった。そんな「空気」を主流の位置に引き上げたのは、やはり漢訳洋書の伝来と普及であったろう。中国からの伝来書は当時それだけの権威をもっていたのである。

一方、中国でも漢訳洋書を通して人々は「空気」ということばの存在を知っていたが、これを定着させるには、日本語で確立した「空気」の流入がかかわっていたと考えられる（荒川二〇一八a）。それは「熱帯」などと同じく、それぞれが相手に伝わることで相手側の訳語の定着を促進させた、そうした相互作用が起こったひとつのモデルといえるだろう。

2　「医院」

†中国では〝病院〟とはいわない？

日本で「医院」と「病院」がベッド数の差で分けられていることは、大方の人が知っているのではないだろうか。わたしや家族がよく通っていたある病院は一族で経営していて、ずっと「〇〇病院」だったが、年輩の医師が二人続けて亡くなったため、急に「〇〇医院」に改称して驚いたことがある。こんなふうに、日本では「医院」は「病院」より規模が小さいものを指す。

それはともかく、現在、中国では〝医院〟が、日本では「病院」と「医院」の両方が用いられている。これはいったいどういうことだろう。

†〝医院〟は古代中国からある

〝医院〟は古代中国では〝太医院〟と呼ばれた。〝太〟は「高い、大きな」という意味で

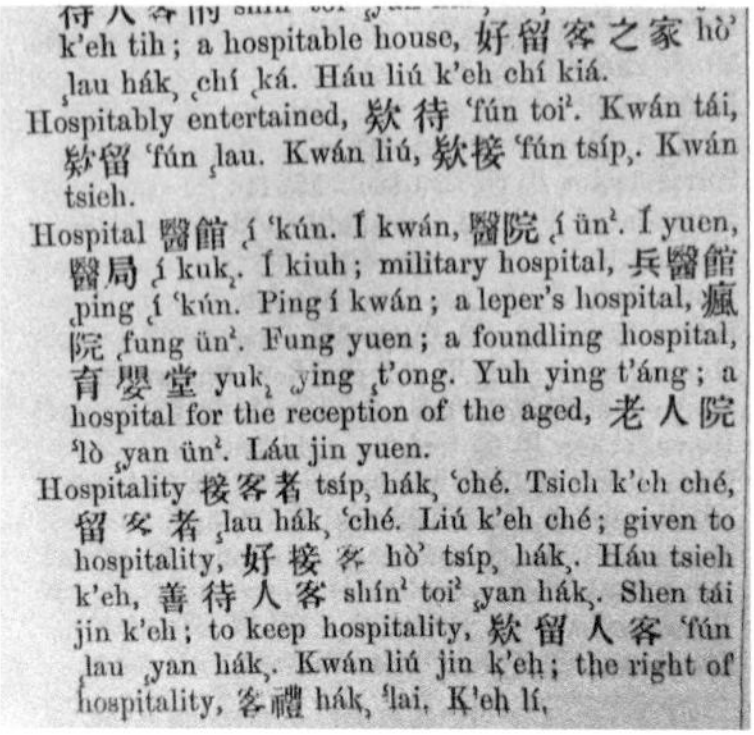
k'eh tih; a hospitable house, 好留客之家 hò' ˌlau hák˛ ˊchí ˊká. Háu liú k'eh chí kiá.
Hospitably entertained, 欵待 ˊfún toi². Kwán tái, 欵留 ˊfún ˌlau. Kwán liú, 欵接 ˊfún tsíp˛. Kwán tsieh.
Hospital 醫館 ˌí ˊkún. Í kwán, 醫院 ˌí ün². Í yuen, 醫局 ˌí kuk˛. Í kiuh; military hospital, 兵醫館 ˌping ˌí ˊkún. Ping í kwán; a leper's hospital, 瘋院 ˌfung ün². Fung yuen; a foundling hospital, 育嬰堂 yuk˛ ˌying ˌt'ong. Yuh ying t'áng; a hospital for the reception of the aged, 老人院 ˊlò ˌyan ün². Láu jin yuen.
Hospitality 接客者 tsíp˛ hák˛ ˊché. Tsieh k'eh ché, 留客者 ˌlau hák˛ ˊché. Liú k'eh ché; given to hospitality, 好接客 hò' tsíp˛ hák˛. Háu tsieh k'eh, 善待人客 shín² toi² ˌyan hák˛. Shen tái jin k'eh; to keep hospitality, 欵留人客 ˊfún ˌlau ˌyan hák˛. Kwán liú jin k'eh; the right of hospitality, 客禮 hák˛ ˊlai, K'eh lí,

ロプシャイト『英華字典』に見える “Hospital”「医院」

ある。『漢語大詞典』によれば〝太医院〟は「医薬」を司る役所であった。〝太医院〟は隋の時代に置かれ、当時は〝太医署〟と呼ばれた。元朝では再び〝太医院〟と改められ明清まで引き継がれた。これが現在の〝医院〟の意味でも使われるようになったのは清のころ、中国へやってきた西洋人やプロテスタント宣教師たちによってであった。

たとえば、〝医院〟は『東西洋考毎月統紀伝』『遐邇貫珍』といった西洋人が出していた新聞の一八三五年、一八五五年の記事（『近現代辞源』による）や、ロプシャイトの『英華字典』（一八六六―六九）に見える。後者は本書でたびたび登場するが、中国製漢語か和製漢語かを見分ける鑑定辞書である。この辞書には、hospital の訳語の一つとして〝医院〟が出ている（写真参照）。ところが〝病院〟は出ていない。そうすると、「病院」は和製漢語なのか。

実はこの〝病院〟は、一七世紀に中国にやってきたイエズス会宣教師の一人、ジュリ

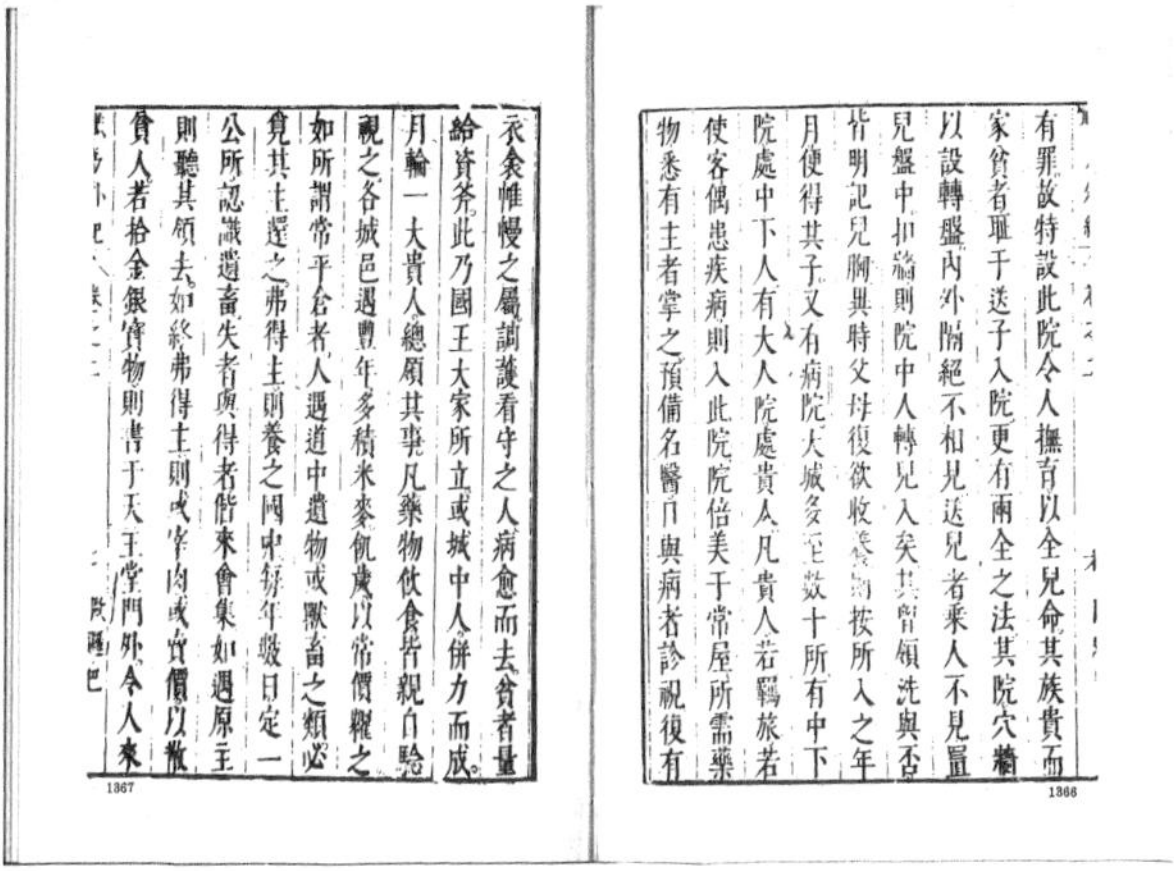

有罪故特設此院令人撫育以全兒命其族貴而家貧者艱于送子入院更有兩全之法其院穴牆以設轉盤內外隔絶不相見送兒者乘人不見置兒盤中扣鑰則院中人轉兒入矣其首領洗與否皆明記兒胸與時父母復欲收養則按所入之年月使得其子又有病院大城多至數十所有中下院處中下人有大人院處貴人凡貴人若羈旅若使客偶患疾病則入此院院倍美于常屋所需藥物悉有主者掌之預備名醫日與病者診視復有

1366

衣衾帷幔之屬調護看守之人病愈而去貧者量給資斧此乃國王大家所立或城中人併力而成月輪一大貴人總領其事凡藥物飲食皆親自驗視之各城邑遇豐年多積米麥飢歲以常價糶之如所謂常平倉者人遇道中遺物或獸畜之類必覓其主還之弗得主則養之國中每年擬日定一公所認識遺畜失者與得者皆來會集如遇原主則聽其領去如終弗得主則或宰肉或賣價以散貧人若拾金銀寶物則書于天主堂門外令人來

1367

『職方外紀』「病院」

オ・アレニの『職方外紀』(一六三二)で使われていることがわかっている(写真参照)。ここに出てくる〝病院〟は、貧者救済の〝貧院〟、孤児院である〝幼院〟(ここには赤ちゃんポストもある!)などと並んで紹介されているもので、身分によって入るところが違うが、旅人が病気になった場合には、ここで手厚く治療されると書かれている(写真参照)。先にも述べたように、この『職方外紀』は鎖国下の江戸日本に伝わり、一時禁書になったこともあって刊本は出なかったが、多く写本の形で伝わり、世界情勢に関心を持つ大名や蘭学者たちに読まれ、かれらの著書で広く引用、紹介された。「病院」ということばもその中で、多くの人に受容されていったのである。

つまり、〝病院〟は一七世紀のイエズス会宣教師らによって中国で生まれ、それが鎖国下の日本へも伝来したのだが、一九世紀のロプシャイトたちが中国に来たころには、すでに〝医院〟に押されその地位を失っていたのである。いや、逆に〝病院〟は日本へ伝わることで命脈を保っていたといえる。

しかし、考えてみれば、「医院」に対し「病院」は病気が充満している場所のような印象を人に与える。そのせいか、明治初頭、東大の前身である大学東校を主宰し後に順天堂を創設した佐藤尚中《さとうしょうちゅう》は明治五年に「病院」を「医院」に改称すべき伺いを文部省に提出した。その結果、大学病院などでは東大医学部付属医院のような名称が用いられたが、昭和二三年に発布された医療法で、ベッド数に応じた名称に分けられるようになった(『日本国語大辞典』)。すなわち、「医院」は一九床以下、「病院」は二〇床以上というわけである。

†中国で〝医院〟が残った理由

一方、中国では〝医院〟が残った。〝病院〟は『現代漢語詞典』には収録されているが、〝精神病院〟〝伝染病院〟のような形で使われるのがふつうで、単独で使われる例を見ない。

わたしは、これは〝精神病・院〟〝伝染病・院〟のように切って理解すべきではないかと考えている。ちなみに、現代中国では〝精神病医院〟〝伝染病医院〟のような名称も存在する（荒川二〇一四b）。

ところで、「病院」の「病」は「病気」のことだとすぐ推察がつくが、「医院」の「医」とはどういう意味だろう。日本人に聞けば、たいてい「医者」の意味かという答えが返ってくる。「医者がいるところ」という理解である。しかし、中国人に聞くと一〇人中八人は「なおす」という意味だと答える。この違いはどこから来ているのか。

「獣医」「名医」「外科医」の「医」は医者である。しかし、「医者」ということばの中の「医」は「(病気を)なおす」という動詞で、「医者」とは「(病気を)なおす人」という意味である。だから、「医院」と聞いたときに「なおすところ」と考えてもよさそうなものである。そういう連想がなぜ日本人には働かないのか。それは日本人が「医」の動詞用法に対し、中国人ほど自覚的ではないからである。

現代中国語で「病気をなおす」は〝治病〟といい、「病気」は〝病〟としかいわない。〝気〟の一種ではないという考え方である。その前の〝治〟が「なおす」という動詞である。一般に中国語では、話しことばとは別に書きことばが二音節のことばや成語、ことわざなどの中に根強く残っている。この〝治〟の書きことばが〝医〟で、〝頭痛医頭、脚痛医脚〟（頭が痛ければ頭を治療し、足が痛ければ足を治療する――対症療法のこと）という、中国人なら誰でもしっていることわざの中に生きている。この中の〝医〟は「なおす」という動詞である。ちなみに、中国語では、話しことばと書きことばの同義語同士が組み合わさって多くの二音節の語をつくっているが、この場合は〝医治〟となる。これは日本語には珍しい漢語のつくり方である。

先ほど述べたように、中国人は〝医院〟の〝医〟がなにかと問われると、動詞用法がすぐ浮かぶ。「医院」そのものに対する理解に大きな違いはないとしても、その要素である「医」に対する理解は、日中で違うのである。これは本章末「日中同形語の窓⑥」の「起床」の「床」についてもいえる。「床」は日中で意味が違うのである。

3 「門」「広場」「出口・入口」

さて、つぎに「門」のつくる漢語について考えてみたい。日本語では「門」は「門」でしかないように見えるかもしれないが、「声門」とか「肛門」のように、「出入りするところ」という意味の漢語もある。中国では、このあと見るように、日本語にはない、より多くの「○門」がある。したがって、「○門」という漢語は日本でできたか中国でできたかはっきりしないものがいくつか存在する。

中国語の〝油門〟の意味は？

中国語の〝門〟は、その字形からも想像できるように、本来モンのことであったが、現代中国語では、「ドア」を指すのがふつうである。〝敲門〟は「ドアをノックすること」、〝開門〟は「ドアを開ける」ことである。さらに、以下のように「出たり入ったりするところ」という意味でも使われる。それぞれ何のことか考えていただきたい。

①車門
②電門
③櫃門
④炉門
⑤球門

⑥油門
⑦快門

答えは次のとおり。①駐車場のゲートではなく、車のドアのこと。②電気の門→電気が通るところ→スイッチのこと。もっとも〝電門〟は今では古くなり、〝開関〟がふつう。〝開関〟の文字通りの意味は「開け閉め」である。〝関〟は現代中国語では「閉める」という動詞。③タンスや金庫の扉。④ストーブの口、オーブンの扉。⑤(球技の)ゴール。⑥ガソリン(〝汽油〟)の出る口→アクセルのこと。⑦(カメラの)シャッター。〝快〟は中国語では「速い」と言う形容詞。パッと開いて閉じることから。

なかなか想像のつかないものが多いのではないだろうか。

†「肛門」「声門」はどちらでできた?

問題は「肛門」と「声門」である。

「肛門」は中国の書物に古くからあることばである。たとえば、音韻の書『集韻』(一〇六七)には、「肛　肛門」と見える。漢の司馬遷の『史記』の中の医者の列伝「扁鵲《へんじゃく》倉公列伝」に対する唐の時代の注釈(正義)などにも同じ解釈が見える。だとすると、そのころからすでに「門」には「出入りするところ」の意味が生じていたことになる。なお、日本側資料では、江戸の『解体新書』(一七七四)、明治初めの医学用語集『医語類聚』(一八七二)にも見えるが、これは中国の影響であろう。

一方、「声門」は今のところ中国の書物には見えず『医語類聚』に「Glottis rima 声門」と見えるのが初出である。

これ以外の「○門」には以下のものがある。

陰門　福恵全書(一六九四)　解体新書(一七七四)　医語類聚(一八七二)
噴門　医貫(一六一七)　生物学語彙(一八八四)
幽門　医貫(一六一七)　医語類聚

「陰門」(女性の外性器)は『解体新書』(一七七四)よりもはやく、中国の『福恵全書』(一六九四)に見える。この書は地方官吏の指南書で、日本でも幕末に訓点本がつくられよく読まれた。

「噴門」（胃の入り口）と「幽門」（胃の末端部十二指腸に接するところ）は胃の病気になったときに、お医者さんから聞くことがあるかもしれない。『日本国語大辞典』は、「噴門」は『生物学語彙』（一八八四）、「幽門」は『医語類聚』を初出に挙げているが、調べてみると、ともに中国の医学書である趙献可の『医貫』（巻一玄元膚論）に見えることがわかった。すなわち、以下のようにある（傍線は荒川による）。

其精気自胃口之上口曰噴門、伝於肺、肺播於諸脈……其滓穢自胃之下口曰幽門、伝於小腸

（胃の中で消化されたもののうち……優れたものは、噴門と呼ばれる胃の上の口から肺に伝えられ、肺から諸々の脈へ伝えられる。……その汚れたものは幽門と呼ばれる胃の下の口から小腸へ伝えられる）

こうしてみると、もし、「声門」が中国語起源でないとしたら、「〇門」という造語は、日本でもできたことになる。また中国では、体の中の「出入りする箇所」が「〇門」とい

う名称でつくられやすかったことがわかる。

†「広場」はどちらでできた？

『漢語外来詞詞典』（一九五六）では「広場」は和製漢語だという。しかし『漢語大詞典』には、「広い場所」という意味では漢代からの例がある。近代では、黄河清編著の『近現代辞源』（二〇一〇）に、王韜《おうとう》『漫游随録』（一八七一）や康有為の『列国游記・西班牙游記』（一九〇六）の例が挙げられる。いずれも外国を巡った際目にした〝广场〟――王韜はパリの、康有為は〝西班牙〟＝スペインの広場の例である。

　王韜が日本に遊ぶのは光緒五年（一八七九）のことであり（のち『扶桑游記』を書く）、『漫游随録』は主に西洋の漫遊記であるから、日本語の影響は考えにくい。そうすると「広場」は中国で先にできていたのかということになる。

　一方、日本語の「ひろば」は「広い場所」という意味では古くから使われているが、西洋でいう「広場」の意味が早くから意識されていたわけではない。「公園」ということばでさえ、明治になり欧米での公園制度の導入とともにできたことばである。どちらにしても、「広場」の場合も日本語では「ひろば」で和語であり、これを漢語として読むと「こ

「手机广场（手機広場）」（北京）

うじょう」になる。そうなると、中国人が日本語の「広場」の表記を中国式に読んで取り入れたか、あるいは日本人が中国人の用法を見て取り入れたかということになるが、これはどちらとも言い難い。

それはともかく、中国語の〝広場〟には意味の変化が起こった。それは、中国の辞書では二〇一二年の『現代漢語詞典』第六版になって、本来の「広場」の意味に、「大型ショッピング施設」の意味が加わったのである。社会言語学者の陳建民は『中国語言和《と》中国社会（中国の言語と中国社会）』の中で、「香港でスペイン語のplazaを〝広場〟と訳し」、この意味が大陸へも入っていったと指摘している。たとえば〝美食広場〟（食堂街）〝手機広場〟（スマホ売り場）〝万達広場〟（万達〔＝グループ名〕プラザ）のように。現在街で目にするのはこちらの方が多いだろう。なお、〝手機〟は「携帯、スマホ」のことである。

一方、日本語では「話し合いのひろば」とか「国際交流のひろば」のように、「大勢の人の話し合いの場」に意味が拡張した。この場合の広場は具体的な空間ではない。しかも、ひらかなで書かれることが多い。わたしの勤める大学の教職員組合にも『ひろば』という小さな雑誌があって、わたしも時に思いの丈を書かせてもらうことがある。

†「出口」「入口」

「出口」と「入口」は中国語でも使う日中同形語である。『漢語外来詞詞典』には、これらは日本起源の漢語だと出ている。しかし、はじめにも述べたように、日本語ではこれらは「でぐち」「いりぐち」という和語であり漢語ではない。これは「手続」「場合」のような和語が中国語になったことを考えると、特に不思議ではないようにも思える。しかし、わたしはひっかかる。「出口」と「入口」が、もし日本語起源だとしたら、「手続」「場合」以上にすんなり中国語の中に入っていったのではないか。あるいは中国語としてもつくられる可能性があったのではないか、と。なぜか。

その鍵は「入口」にある。日本人から見ればなんでもないように見えるが、「入口」の「入」は中国語では書きことばである。中国語を習ってすぐにでも習う〝請進〟（どうぞお入りください）に出てくる「入る」は〝進〟であって〝入〟ではない。しかし、これまでもたびたび述べてきたように、中国人は看板、掲示などのことばは、主に書きことばを使う。だから、〝入口〟は中国人がつくったとしても自然なことばなのである。ちなみに、「出口」の「出」は古今同じで、変化が生じなかった。

ただ、中国でも上海、蘇州、揚州等南の方の地域では、入口を〝進口（进口）〟と書く掲示も見られる。これは北京や東北など北方人には抵抗があるというが、現実に存在する。わたしも写真にたくさん撮っている（写真参照）。

「进口（進口）」「出口」の標識（無錫）

中国語では、魏晋南北朝の時代（二二〇年の後漢の滅亡から五八九年の隋の統一までの期間）に、〝進〟に「入る」という意味が生じた（汪維輝『東漢——隋常用詞演変研究』）。ただし、そのころはまだ意味が「進む」と「入る」の間でゆれていて、「進む」の意味か「入る」の意味かは判別のつかない例もあるようだ。ちなみに、日本語の「進入（禁止）」は「進み入る」という意味であるが、中国語の〝進入〟は「入る・入る」という、古今の「入る」という意味の漢字が合わさった語である。

4 「百葉箱」

†読み方の議論

百葉箱は日中双方にある気象観測装置（次頁図参照）で、わたしは小学校のとき、この観測委員をしていた。日本では戦後、理科教育の振興のために全国の小学校に設置された。中国でも設置されている。

「百葉」とは中国では、襞《ひだ》の多い牛の胃の比喩表現である。現在でも、「火鍋」を食べると、これがメニューで出てくる。清末の一八五七年につくられた『洋涇《ようけい》竹枝《ちくし》詞《し》』には「百葉窗（窓）」が見える。風は入るが雨は入らない窓、いわゆる「ガラリ」（ジャロジー窓）と呼ばれるものである。「百葉箱」は「牛の襞のようなものが重なって窓になった箱」とでもいうようなものである。この語は日本・中国どちらでつくられたとしてもおかしくない語であるが、気象観測の歴史からすると日本でできて中国へ伝わった可能性が高い。

これが日本で「ひゃくようそう」と読まれたか、「ひゃくようばこ」と読まれたかにつ

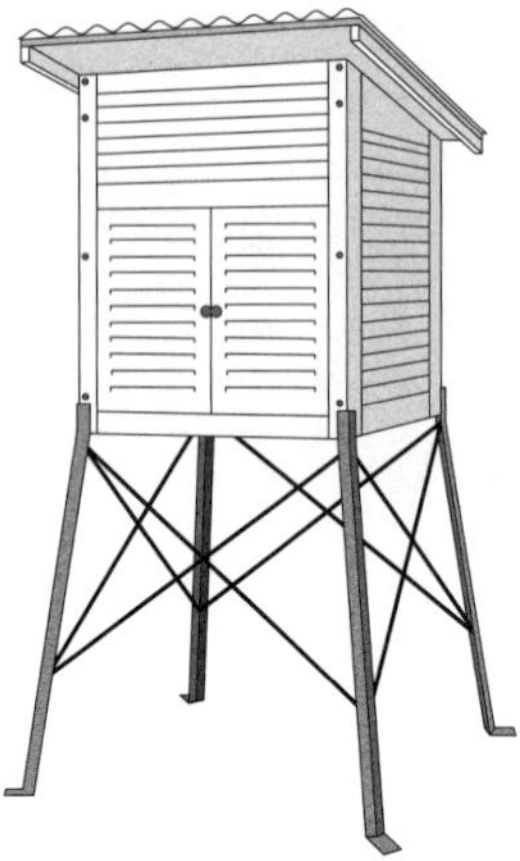

百葉箱。外気が入るように「ガラリ」がついている

いては議論があるが、音読み（百葉《ひゃくよう》）に続く要素としては、「箱」のオンである「ソウ」と読まれるのが順当だ。これを「ひゃくようばこ」と読むのは、音読み＋訓読みという、いわゆる重箱読みといわれるもので、漢語の読みとしては変則的なものである。

ちなみに、『日本国語大辞典』や『広辞苑』は「ひゃくようそう」を見出しに立て解説を加え、「ひゃくようばこ」は空見出し、あるいは解説の中でふれるに留めている。現代語に重点を置く『三省堂国語辞典』（第七版）は「ひゃくようばこ」を見出しに立てる。日本語の中では「箱《そう》」という音《おん》による造語はほとんどない。つまり、「箱（ソウ）」は造語力を失っているのである。それに代わるものが「箱《はこ》」という和語なのである（「百葉箱」については塩田一九九六を参照）。

†中国語のハコには二つある

ところで、中国語には大きさの違いでハコに〝箱〟と〝盒〟がある。この違いをしっておかないと、「薬一箱《ひとはこ》」と書いたときになにが出てくるかでしばしば誤解が生じる。

『字義字訓辞典』によれば、〝箱〟とは、竹冠があるように、本来竹でつくったハコのことであった。それが荷馬車の荷物を載せる部分を指し、また、字は違うが同音の〝廂〟と同じ意味でも使われ、母屋の両側の部屋も指すようになった。現代中国語ではさらに、車の車体も〝車廂〟という。つまり、「箱」と「廂」とは本質的には同じものなのである。

さて、その〝箱〟の方だが、現代中国語では、以下のように多くの熟語の成分になっている。何のことか考えてみてほしい。

①氷箱
②信箱
③皮箱／行李箱
④保険箱
⑤集装箱

①の〝氷箱〟とは「冷蔵庫」。これはわかりやすい。ただし、この場合の〝氷〟は「こおり」のことでなく「冷やす」という動詞である。わたしの小さいころは、氷で冷やす冷蔵庫があった。現在の冷蔵庫は本来〝電氷箱〟と呼ぶべきものであるが、〝電〟を使うのはあたりまえになっているので、〝電〟を省略して〝氷箱〟とだけいう。②の〝信箱〟の〝信〟は「日中同形語の窓①」で説明したように「手紙」のことで、〝信箱〟とは「(四角い)ポスト」。丸いポストは〝信筒〟という。③の〝皮箱〟は昔風の「(皮の)トランク」。一般のトランク、スーツケースは〝行李箱〟という。④の〝保険箱〟は「金庫」のこと。このあたり日中で発想が違う。なお、「金庫」は『日本国語大辞典』には明治初年の例が挙がっている。⑤の〝集装箱〟は「集めてつめる(=装)箱」で「コンテナ」のこと。

このように、〝箱〟はポストくらいの大きさからコンテナくらいの大きさまでのさまざまなハコを指す。したがって、薬やタバコを一箱買おうと思って「一箱」と書けば、段ボール箱入りのものが出てくるから注意が必要だ。

一方、マッチ箱や筆箱は「飯盒《はんごう》」の「盒」を使い、

火柴盒(マッチ箱)

鉛筆盒（筆箱、ペンケース）
飯盒（弁当箱）

のようにいう。日本語ではすべて「箱」を使っているので、日本人が誤解しやすいものの一つである。なお、中国語の〝飯盒〟は弁当箱のことで、弁当は〝盒飯〟という（台湾では日本語起源の〝弁当〟が用いられる）。日本語の「飯盒」は本来軍隊用につくられたもので、底が深い。「飯盒炊さん」を懐かしく思い返す人たちもあるだろう。なお中国語の〝飯盒〟は『大漢和辞典』になく、『漢語大詞典』でも現代の用例しかない。つまり、比較的新しい語なのである。日本語の方は『日本国語大辞典』によれば明治後期の一九〇四年の例が初出である。

本書第三章では日本的な漢語のつくられ方を、第四章では中国的な漢語のつくられ方を検討した。しかし、この第五章で見たように、日本と中国は同じく漢字を使っている以上、どちらでつくられてもおかしくない漢語が存在する。それがまた漢字の妙味というべきものであろう。今後はさらに、このタイプにどのようなものがあるのか、共通性をささえる原理はなんであるかを探っていく必要がある。

【日中同形語の窓⑥】床／靴

日本語の「床」は「ゆか、とこ」、中国語の〝床〟は?

「起床」は日本語にもあるが、中国語でも入門段階で出てくる単語で、どちらも寝ていた状態から起き上がることである。では、まったく同じかというと、実は、「床」の意味が違う。どう違うのか。中国語の〝床〟はベッドであるのに対し、日本語の「床」は「とこ」、つまりフトンの意味で、指しているモノが違うのである。どちらも寝るところであるので、大きな誤解はないように見える。

しかし、中国人はふつうベッドにしか寝ないが、日本人はフトンでもベッドでも寝る。わたしの知り合いの中国人は、昔大学の助手をしていたころ、まだ貧しかった時代で自分の部屋がなく、教室の机をいくつか合わせてベッドにして寝ていた。中国人はベッドのようなもの上に寝ないと落ち着かないそうだ。ちなみに韓国人ならベッドかオンドルである。後者は床暖房で、その上に布団を敷いて寝る。同じ寝るでも、その形態には違いがあるのである。

日本語で「とこ」の意味の「床《しょう》」を含む語にはほかに「病床」と「臨床」がある。「病床」

は「やまいのとこ」を漢語化したもので、菅原道真の『菅家《かんけ》文草《ぶんそう》』（九〇〇年頃）には「病床已久」、『文机《ぶんき》談《だん》』（一二八三年頃）には「病床にふしたる」という表現が見える。気になるのは、一七世紀に日本にやってきたイエズス会宣教師によるポルトガル語と日本語の対訳辞書『日葡辞書』（一六〇三―〇四）に「ヤマイノ　ユカ」と出ていることである。当時はユカもトコも同じだったのか。『日本国語大辞典』で「ゆか」を引くと「家の中に、一段と高く構えてあって、人が起き伏しするところ。とこ。」と「とこ」が「ゆか」に同義であると書かれている。考えてみれば、かつて日本では「ゆか」に寝ていたのだから、「ゆか」と「とこ」が通じるのである。

一方「臨床」は成立が遅く、初期の例が見えるのは、ヘボンの『和英語林集成』第三版（一八八六）である。ヘボンの辞書は初版が慶応四年（一八六八）、再版が明治五年（一八七二）で、第三版は近代日本語がほぼ完成する明治一九年に出ている。面白いのは、このヘボンの辞書の解説（音はRinjo リンジャウ）が、

> (*toko ni nozomu*) Coming to the bed, clinical as: —kogi, clinical lecture
> （〔床に臨む〕臨床講義のように、臨床のためにベッドに来ること）

となっていることだ（写真参照）。まさに「床に臨む」という意味で使われている。ここではtokoをbedと訳しているが、こうとしか訳せなかったからで、実際はtoko＝bedではなかろう。

先にも述べたように、日本語の「病床」はいわば病気の状態を指すことが多い。たとえば、「病床の入院患者を見舞う」「病床にあった」「病床に伏す」「病床の身となる」のように（国立国語研究所現代日本語コーパス「少納言」、以下の用例も同じ）。一方、中国語の〝病床〟は「病人のベッド、とりわけ病院や療養所で入院中の病人に提供しているベッド」（『現代漢語詞典』）のことである。これはまさにモノとしてのベッドのことでしかない。

しかし、日本語でもモノとしてのベッドを指す場合がないかといえばある。たとえば、国語辞典の中では『三省堂　国語辞典』（第七版）が②として「病院の、ベッド」という解釈を与えている。これだと中国語といっしょになる。たしかに「病床数」というときは病院のベッド数のことである。ほかにも、「病床の割合の多さ」「同じ数の病床が必要」「病床の種類」「病床の利用率」「他の病床から移される」などのように単にベッドのことをいう例も少なくない。そうしてみると、これは本来「とこ」であった「床」がベッドの意味をも獲得するようになったということになる。

RINJŌ リンジヤウ 臨床 (*toko ni nozomu*) Coming to the bed, clinical, as: — *kōgi*, clinical lecture.

『和英語林集成』「臨床」

靴は騎馬民族のクツ？

中国語ではクツに二つの漢字があり、一般のくつは〝鞋〟と書く。日本語では「草鞋《わらじ》」に使われる字である。現代日本語ではクツとは足の甲を覆う部分を持ったものなので、わらじやスリッパはクツとはいわない。したがって、〝鞋〟はいわば中国語でのハキモノの総称というべきである。これに対し、〝靴〟（話しことばでは接尾辞の〝子〟がつき〝靴子〟となる）は長靴、ブーツのことである。日本語を知らない中国人は、日本にきて「靴」屋の看板を見て「ブーツ専門店」かと思うらしい。ブーツの意味の「靴」は、日本語で漢字の音《おん》読みとしての「靴《か》」に生きている。すなわち「長靴」「軍靴」「編上靴《へんじようか》」などがそうである。最後のものは、旧軍隊で使用した編み上げ靴で、『広辞苑』にはあるが、現代日本語の中型国語辞典では載せていないものが多い。

ところで、本書にも何度か登場したが、佐藤喜代治『字義字訓辞典』は筆者が日頃愛用する辞書の一つで、漢字の意味とともに、それがかつての日本語でどう読まれてきたか（和訓）を教えてくれる、とても便利な辞書である。これによれば、『万葉集』（巻一四）に「信濃路は今の墾道《はりみち》刈株《かりばね》に足ふましむな、くつはけわが背」（信濃路は開墾したばかりの道で、切り株に馬の足を踏ませないようにしなさい。くつをはかせておやりなさい、あなた）とあるクツはハキモノの総称であった。「草鞋《わらじ》」も実は「草鞋《わらぐつ》」の語形変化によるものという。また佐藤氏は同時に「靴」はもと異民族の間でつくりだされた革グツで、乗馬の時に用いたものであろうという。そうすると、日本の「靴」はいわば中国の騎馬民族が履いていたクツが伝わったものということになる。

「隔靴掻痒《かっかそうよう》」（靴ごしに痒みを掻く——もどかしいさま）という成語がある。もとは禅宗の用語で、宋の禅宗の僧の伝記を記録した『景徳伝灯録』が初出とされている。本来は悟りを充分得ていないという意味であったが、のち文章などが急所をついていなかったり、詩のテーマが中身と一致していないことに用いられるようになったという（劉潔修編著『漢語成語考釈詞典』）。意味はともかく、この中の「靴」もやはり長靴のことである。

終章　日本語と中国語のあいだで

†一語十年、一語五年

本書の中核である日中のことばの交流は本来、中国から日本という一方的なものであった。ところが、日清戦争を契機に日本から多くの漢語――「社会」「経済」「会社」「権利」「義務」のように近代社会が必要とした語や、「科学」「範疇」「演繹」「半島」「回帰線」のような哲学用語・地理学用語が入っていった。しかし、ここ三十年来の研究で、単に日本から中国へだけでなく、中国でできた漢語が日本を経て再び中国へ里帰りしていることがわかってきた。とはいっても、ある漢語が日本でできたのか、中国でできたのかを証明することはそう簡単ではない。これは大きな謎である。一つ一つの漢語の出自を証明するには、厖大な時間とエネルギーが必要である。国語学者のことばを借りれば、「一語十年」、あるいは「一語五年」ともいわれる。それだけ時間がかかるということである。

読者は本書を読んでお気づきになったと思うが、本書で取り上げていることばは、どちらかというと具体的なものに偏っている。これは「憲法」や「民主」「共和制」などといったことばより、「盆地」や「電池」「化石」といった具体的なものの方が、意味の幅が小さく扱いやすいからである。もっとも、「熱帯」や「健康」はまだしも、「回帰線」などは日常聞くこともあまりないかもしれない。それは本書が、わたしがこの三十年来調べてきたことばを中心に語っているからである。一語十年はかかっていないが、「熱帯」をはじめとする数語の地理学用語を調べ本(『近代日中学術用語の形成と伝播』)にするだけでも十年はかかった。

わたしの探索のはじめは「熱帯」であり、ついで「回帰線」、さらに「海流」「貿易風」といった地理学用語に取り組んだ。地理学の専門家でもないわたしがこうしたことばに挑戦したのは、まったく偶然のことだった。それは第四章に書いたように、日本語ではアツイを表す「暑」と「熱」がどう違うのかという問題を追いかけている中で、「熱帯」の「熱」の用法が日本語としては異質であるという事実に出会ったからである。アツイ地帯だから「暑帯」となっていいはずなのに「熱帯」となっているのはどうしてだろうという素朴な疑問からだった。

それはともかく、地理学用語をはじめ、日本と中国には同形の漢字語が大量に存在する。この「日中同形語」の研究は日中問わず、昔から盛んだ。今でも、中国人留学生がこれをテーマに研究したいといって時にメールをよこすほどである。それはある時期、「無政府状態」であったといっても過言ではない。みんなが勝手勝手に研究を進めていたからである。そして、これらの多くは日中でどう意味が違うか、それを記すだけで終わっていた。

そうした現状を見て、わたしは、単にどう違うかを記述するだけではいけないのではないかと思うようになった。違いの原因、どうやってそのことばができたか、さらにはそのことばがいかにして相手の国へ伝わったかを証明しなければ、知識も浅薄なものになる。そう思うようになってきたのである。

†日中の意味の違いはどこから?

漢字や漢語の日中での意味の違いは、どのようにして生まれるのだろう。たとえば「盆」や「嫁」のように、中国から日本へ伝わったあと意味に変化が起こるものもある。「股」などは本来モモの意味であり、日本でも長くその意味で使われていたのが、江戸時代にマタの意味で読まれるようになった。

一方、中国語自体が変化することもある。たとえば、本来「膝から下の部分」であった〝脚〟が、靴を履く部分——英語の foot に変化したことや、本来「走る、逃げる」という意味であった〝走〟が「歩く」に変化したことなどが挙げられる。逆に、元の「走＝はしる」という意味は日本語の中に留まった。

同じことは二音節の漢語についてもいえる。たとえば「文明」「文化」「義務」などである。漢字一字の場合は、漢字の意味とつねに向き合うことになるが、二音節の漢語になると、その中の一字一字の意味や、どう組み合わさっているかを忘れてしまうことがある。第二章でも述べたように、人は漢語を使うとき、いちいち漢字一字一字の意味まで考えて使うことがまれだからだ。ちなみに、中国から伝わった漢語も、時間が立つと外来意識が薄れ、日本語と見分けがつかなくなることがある。第一章で述べた「馬」や「梅」などもそうだが、

がっこう　とけい　じどうしゃ　かいけつ　かんたん

などは漢字のささえがなくても意味の理解は容易だ。

漢語ができた由来をしるためには、当然のことながら、それぞれのことばについて歴史的に研究を進めなくてはいけない。本書が、昔の文献や辞書を多く引用しているのは、こうした文献、辞書によって証拠を固めたいと思ったからである。また、どういう文献を使ったかを示すため、できるだけその書影を示した。おそらく、これらの書は読者がふだんあまり目にふれる機会のないものかもしれない。それは伝統的な漢籍の範疇からはずれるものであるからだ。

漢字の音と訓

さて、序章でも述べたように、日本の漢字には音《おん》と訓がある。

日本語と中国語は音の体系が異なる。古代においては、音や意味も今とは違っていた。しかも、漢字は何度かに分かれて日本に伝わった。伝わってきた時代、場所により、呉音、漢音、唐宋音などと漢字の音《おん》も異なるのは聞いたことがあるかもしれない。たとえば、

〈日　ニチ(呉)・ジツ(漢)〉　日記　日曜　毎日／休日　先日　昨日　祝日

〈後　ゴ(呉)・コウ(漢)〉後妻　後家　午後　最後／後援　後悔　後輩
〈力　リキ(呉)・リョク(漢)〉力作　力走　自力／圧力　火力　協力　暴力

のように。

明治期には、呉音が漢音に転換するということも起こった。たとえば、

へんげ（変化）↓へんか
ごりやく（ご利益）↓りえき

のように。こういう音の変化によっても、ことばの更新が起こる。たとえば、「ごりやく（御利益）」は仏教的な色彩を持っていたのが、「りえき（利益）」と読まれることで近代的な用語として生まれ変わったのである。

日本人は、音の体系の違う漢字の音を日本語にとりこんだだけでなく、漢字の意味を日本語に訳した。この漢字はどういう意味だろうと考えたのである。これも大変なことであった。「海」はウミと読んだが、「湖」の方はミズウミと読んだ。これもまたウミの仲間と

いうことである。「宮」（ミヤ）は一語で、「小屋」（コヤ）は二語のように見えるが、ミが美しさをあらわすことば（美称《びしょう》）で、コは小さい意味だとすると、ヤ自身が建物であることがわかる。この場合は、漢字が意味の構造を隠してしまっている。

中には本来の意味を誤解したものもあった。たとえば、比較文学者の小島憲之が指摘したように、「霞」は中国語では「朝焼け、夕焼け」を意味することばであったが、日本語に入ると「かすみ」になってしまった（『漢語逍遥』）。「盆」なども本来の「覆水盆に返らず」の深い「盆」ではなく、浅いトレイの意味に変化してしまった。「嫁ぐ、嫁がせる」という動詞用法しかなかった「嫁」を、なんと名詞として使った。こういうものは探していくときりがないほどだ。しかし、そのことに気づくかどうかは別問題である。

「漢語の謎」に迫るには、まず疑問を持たないといけない。しかし、わたしたちは日常の生活に追われ、自分たちがふだん使っている漢字、漢語の意味がなぜそうなのか、どこから来たのかを考える余裕などない。本書では読者の好奇心をこちらから掻き起こしてみたいと考えたのである。

†全体を振り返って

くり返しになるところもあるが、最後に本書全体を振り返り、まとめと背景などの補足をしてみたい。

第一章

読者も一度は不思議に思ったことがあるだろう。なぜ電池に「池」が使われているのかと。第一章ではこれについて謎解きをした。しかし、「盆地」の「盆」はどうだろう。これはいわれてみなければ、意外と気づかないものではないだろうか。「銀行」の「行」もそうだ。こんなことばは小学生でも知っている。でも、「銀行」の「行」とはなにかまで疑問に思う小学生はいるだろうか。

これらの疑問への答えは、中国語をしっていると、より容易に思いつくかもしれない。しかし、中国語をしっている者がすべて思いつくわけでもない。現に、「割礼」が中国でできたということについては、わたしも最近まで気がつかなかった。逆に、中国語をしらなくても、なんだろうと疑問をもつことが「漢語の謎」解決の糸口、ヒントになる。

第二章

第二章で取り上げた「文明」「文化」「義務」の変化、とりわけ中国語での変化は不思議だ。これはいったんできてしまったことばは、本来の意味とは関係なく変化するということだ。

「調査」は日本人よりも中国人が不思議に思わなければならない漢語である。というのは、中国語のシラベルは〝査〟であり、〝調〟にはシラベルという意味がなかったからである。では、なぜ中国で受け入れられたかというと、中国人は意味を伝えない〝調〟があったとしても、〝査〟で〝調査〟の意味を理解していたからである。そして、その結果、〝調査〟全体がシラベルの意味を持つようになった。ただし、だからといって〝調〟までシラベル意味を持ち、それで新たに二字の熟語をつくったりはしなかった。

「化石」「結晶」は、語の構造を誤解した例として挙げた。調べてみると、わたしより前にも「化石」の語の構造について疑問に思う人はいた。一方で、今でもわたしの説を疑ってかかる人もいる。しかし、わたしは自信を持って、この二語はあくまでフレーズであり、単語ではないといえる。詳しくは第二章をご覧いただきたいが、何度もいうように、「化石」とは「石に化する」というフレーズで、「化した石」という単語ではない。それでは意味をなさない。「結晶」も「晶を結ぶ」というフレーズであり、「結んだ晶」という単語ではない。「水晶」などからの類推で、「○晶」だから単語であると誤って理解してしまったのである。

第三章

第三章では、日本人がつくった漢語の典型として「半島」「回帰線」といった地理学用語を取り上げた。「回帰線」はともかく「半島」はまだ一般になじみがあるだろう。それでも、どうして「半分の島→半島」がつくられたかという疑問は起こる。しかも、これが二〇世紀末の新語であったのは意外な事実であった。

それは日本が日清戦争（一八九四）のあと、いったん獲得した「遼東半島」を仏独露の三国干渉によって中国へ返還するあたりで、中国の新聞や文書で話題になり、多く使われることで日本語から中国語へ入っていったのである。ことばの歴史をやっていると、こうした歴史上の事件がことばの定着に影響を与えることをしる。実は、このことは国際日本文化研究センター（日文研）の劉建輝氏から教えられたものである。ついでにいえば、わたしはこの「半島」が縁で劉氏に呼ばれ、しばらくの間日文研の研究員をしていたことがある。

「健康」が〝康健〟をひっくり返してできたという説は意外ではなかったろうか。この問題については実は医学史学界でしばらく論争があった（八木・中森一九九八・一九九九、八木二〇〇二）。わたしはそれを言語学的な立場から証明しようとしたのである。医学史学界では、史料を巡っては詳しい紹介が行われていたが、言語学的観点からは検討されていなかった。わたしはこの問題を考える途中で、中国語において、意味の近いもの、反対のものはほぼ声調順に並ぶという法則を思い出したが、これは一九六九年に丁邦新氏、一九七九年に陳愛文・于平氏が論文を書いて論証したものであった。もちろん、この法則は一〇〇%そうなるというわけではなく、ややゆるい法則ではあるが、中国語教育においても、みぎひだり→〝左右〟、しろくろ→〝黒白〟等がなぜこの語順なのかの有効な説明になる。

第四章

第四章の「熱帯」はわたしの日中同形語研究の出発点となった語だが、その研究のきっかけは先にも述べたように、とても単純な思いつきだった。つまり、日本語では「アツイ地帯」だから「暑帯」になるのではないか。それが「熱帯」となったのは、中国人、あるいは中国語に習熟した外国人がつくったのではないかと考えたのである。

わたしは「熱帯」が中国語であることをロプシャイトの『英華字典』で確かめたが、さらに追いかけているうちに、イエズス会の東洋布教という運動に出会った。このように漢語の研究は、世界史的な広がりをもっている。当時の西洋では地球を「五帯」に分ける考えがすでにしられており、海外知識に飢えていた江戸時代の日本人は、こういう考え方も取り入れていった。これも驚くべきことである。

また「貿易風」「海流」はこうした地理学用語の延長にあるが、「貿易風」は誤訳であるという説にひっかかった。どこが誤訳なのか。それは江戸の和蘭学者がこの風を「定マリの風」などと訳していたこと、また、現代中国では〝信風〟と訳していたことがヒントになった。

「海流」ということばは発生が遅れた。それは、その原語が ocean current ではなく、stream であったからだ。したがって、それは、

流(『新釈地理備考』)

平流（『地理全志』）
河流（『格物探原』）
水溜（『地志啓蒙』）

などと訳された（荒川一九九七）。なお、〝溜〟とは「急流」のこと。

「海流」の探索は、「熱帯」の「熱」と同じく、もともと「暖流」「寒流」の「暖」や「寒」の漢字の使用に対する疑問から出発したものである。つまり、水については一般に「温（温水、温泉）」を使うのに「暖」を使うのはなぜか、もう一つの「寒」は、水に対してはツメタイを使うのになぜサムイの「寒」を使うのかという疑問である。それらについては『近代日中学術用語の形成と伝播』を見てもらうしかないが、こうした一字一字に対する疑問、謎がわたしの漢語研究の動機になっている。

「氷河」と「氷川」はどちらもカワという字を使っているが、日本では「河」を使い、中国では「川」を使った。それはどうしてかという謎を追究した。これは二〇〇一年に国立国語研究所で行われた研究会で発表したものだが、当時のわたしは資料を並べるだけで、本書のような結論には達していなかった。今回は、言語学者橋本萬太郎による『言語類型地理論』のカワの記述にも啓発され、別の答えを出した。

第五章

日本と中国の同形語には、日本でできたか、中国でできたか手がかりがあるものもあるが、中にはどちらでできたかよくわからないことばもたくさん存在する。第五章はそれらのうちから「空気」「医院」「広場」「門」「入口・出口」「百葉箱」について考えた。「空気」については、もともと「空気」の「空」はソラとカラッポのどちらの意味かという素朴な疑問から出発したのだが、それがアリストテレスの哲学にまで遡るという事実に出会ったことは驚きであった。しかも、「空気」は中国だけでなく、日本でもつくられた。別々につくられたのである。その際、日本ではアリストテレスの哲学を踏まえてつくられたのに、中国では別のつくられ方をした。そして、それらが幕末に出会い、相互の受容、定着を促進した。

「医院」と「病院」はどちらも中国起源のことばである。しかし、中国では「医院」が残り、「病院」はほとんど使われず、あたかも日本製の漢語のように思われた。それは「医院」の「医」や「病院」の「病」という要素とも関係があるだろうということを述べた。

「病」はともかく、「医」の理解も日中で違っていた。これも、いわれてみないと容易には気づかない。

「広場」や「入口」は日本語ではヒロバ、イリグチという和語である。和語が中国語へ入っていくことは珍しいことではないが、これらは『漢語外来詞詞典』で和製漢語といわれているものの、中国語としてつくられた可能性もあるのではないかという疑問を述べた。「入口」を例にとると、「入」という書きことばが要素として選ばれているということが、中国語としてつくられた可能性を示唆する、ひとつの契機になると考えたのである。「百葉箱」の「百葉」は牛などの内臓の襞の比喩であり、つくられるとしたら中国においてである可能性が高いが、気象観測の歴史からいうと日本の方が先ではないかと述べた。これについては今後研究が進んで、ひっくり返される可能性もある。

†要素の意味の違い

漢語は全体として受容されても、日中で同じように理解されているわけではない。たとえば、第三章で挙げた「熱帯」の「熱」は、中国語としては「ほどよい熱さ」で、やけどをしそうなアツイは〝燙〟という形容詞を使う。たとえば、〝熱水〟はお湯のことで、シャワーを浴びる場合も使える。しかし、日本で「熱湯」といえばやけどをするほどの熱さである。「熱砂」「熱風」も危険なものだ。これはつまり、二つの言語での「熱」の意味が違うということである。にもかかわらず「熱帯」は学術用語であるから、その定義は一致している。これも不思議なことである。

「回帰線」の「回帰」も日本語ではおそらく「めぐり（まわり）帰る」だが、中国語では〝回〟は現代語の「帰る」であり（〝回家〟は家へ帰る）、〝回帰〟は「帰る・帰る」の同義結合である。しかし、全体としての理解には影響しない。日中で共通なことばには、このように要素の意味が異なるものも多数存在する。

三省堂書店の『漢辞海』の「日本語用法」は今回たびたび利用させてもらったが、いかに多くの漢字が日本的に使われていたかは驚くほどである。本書でも日本的な用法の例として「嫁」「盆」「腕」等を挙げた。最近の漢和辞典はこういう用法を挙げるものが多い。読者も漢和辞典を引く際は、意味の配列のおそらく最後に置かれた「日本語用法」にも目をやってほしい。

【日中同形語の窓⑦】勉強

勉強はもともと「いやいやすること」？

「中国語の〝勉強〟には「いやいやする」という意味がある。日本語の「勉強」も進んでするのではなく（そういう人もいるかもしれない）、いやいやするものである。つまり、両者には共通性がある」。

こんな論が意外と根強くある。たとえば、わたしが大学に入った年に出た前野《まえの》直彬《なおあき》『漢文入門』（講談社現代新書、その後ちくま学芸文庫）でも、「勉強」をつぎのように説明している。なお、前野直彬は元東京大学の中国文学の先生である。

中国での意味は「努力する」、とくに「いやいやながら、むりに努力する」「不本意ながらつとめる」といった意味である。努力する内容はなんでもよいのであって、学問に努力する場合にも使われることは使われるが、それはほんの一部分である。しかも「いやいやながら」という意味が加わらずに使われることは、まずないといっていい。だから日本での使い方としては、このごろはすくなくなったが、商店の主人が「千円の品ですが勉強して八百円にしておきます」というときの「勉強」が、この漢語の原義にかなっている。「勉強が好きだ」などというのは、原義から見れば完全に矛盾した表現となるわけである。

最初に「努力する」とはいうものの、全体を読めば、「いやいやながらする以外の勉強はない」といっている。同じことは中国文学者の一海知義《いっかいともよし》も述べている（『漢語の知識』）。

しかし、そうだろうか。わたしはずっとこの説に疑問をもっていた。というのは、明治の初めに福沢諭吉の『西洋事情』、内田正雄の『輿地志略』と並んでベストセラーの一つであった、中村正直《なかむらまさなお》の『西国立志編』（一八七〇―七一）には、この「勉強」が、次のように「励む、すすんで行う」の意味で大量に出てくるからである。

勉強ニシテ倦ムコトナキ
職業ニ勉強スル
工事（＝仕事）ヲ勉強スル
ソノ職事ニ勉強シ

勉強シテ業ヲナセル人
勉強スルコトヲ好ミ
勉強刻苦／熱心勉強／勉強学習

なにゆえこのような用法があるのか。それは、もともと「勉強」は「一生懸命励む」という意味だったからである。これは中国の四書（『論語』『孟子』『大学』『中庸』）の一つ『中庸』に出るもので、そこでは、次のようにある。

ある者は安んじて行い、ある者はこれを利益と考え行い、ある者は励んでこれを行ったが、その成果は同じである。
（或安而行之、或利而行之、或勉強而行之、及其成功一也）

江戸の正統の学問は儒学、とりわけ朱子学であり、藩校では『中庸』も教えられた。それゆえ、明治初めに著作をなした人たちは、この積極的な意味の「勉強」を覚え使ったのである（なお、この「勉強」の語誌を調べたものに古橋二〇一四がある）。

あとがき

わたしは中国語教師として、四〇年以上にわたり中国語教育に携わってきた。その中で、必然的に日本と中国の漢字やことばの意味の違いに関心を持つようになった。

本務校である愛知大学に赴任したころ、「日中で略字の共通化を」という議論が新聞紙上で起こったことがある。たしかに日中の漢字には「山」「河」や「政治」「経済」のように意味が共通なものも多くあるが、「手紙」や「湯」「靴」のように共通でないものも少なくない。なにより、中国の略字（簡体字）は、「達」を「大」で表したり（〝达〟）、「歴」を「力」で表すなど（〝历〟）、音を表す部分が日本と違っている。これは中国語の古い音を残している日本語の漢字音と、歴史的に変化した中国語の漢字音の差違から来ている。したがって、この点だけとっても共通化はかなり難しい。それより、中国語は外国語であると認識し、きちんと中国語を学んだ方がいいのではないか、それが当時のわたしの考えであった。これは今も基本的には変わらない。しかし、いったい日中の漢字、漢語のどこに違いがあるのか、さらにはなぜそのような違いが生じたのかを細かく書いた本は当時ほとんどなかった。

わたしは友人たちと二〇〇四年に東方書店から『東方中国語辞典』を出した。その宣伝もかねて、その東方書店が出している広報誌『東方』に、「やっぱり辞書が好き」という連載を始めたのは、二〇〇五年の五月からだった。その名の通り、その中心は日本や中国から出ている辞書の紹介や辞書の内容についてのエッセイであったが、やっているうちに、中国の街で目にする看板やスローガンの漢字の意味と日本語との違いが気になってきた。

いわば「路上漢字考現学」で、わたしは中国へ行くたびに、目につく漢字を写真に撮り始めた。時には、「なにをやっているのだ」と店の人が出てくることもあるので、なるべくすばやく、場合によっては家人を立たせて、その横の写真を撮ったりした（わたしの友人などは望遠レンズで撮るといっていた）。そして、その一枚の写真をもとにエッセイを書いた。これは毎月連載をしていて、二〇一九年の暮れですでに一七〇回を超えた。四〇回ほどたまると、一冊の本にしてもらったので、すでに三冊の本ができあがった。題して『中国語を歩く――辞書と街角の考現学』。これは編集部がつけてくれたものだが、わたしはとても気にいっている。「中国語を歩く」というのは日本語として変だが、本の内容をうまく言い得て妙である。

その三冊目の本を読んだ、筑摩書房の河内卓氏から丁寧な手紙をもらったのは、二〇一八年の暮れのことだった。『中国語を歩く』は中国語のわかる読者を対象にしているのだが、河内氏からは、中国語のわからない日本人読者向けの「漢字を入口として、日本（語）と中国（語）が見えてくる本」を執筆してほしいという依頼を受けた。

本書中でも述べたが、わたしは日中のことばがどう違うかは歴史的に考察しないと見えてこないと考え、荒川（一九八七）以来、地理学用語、科学用語を中心に論文を書いてきた。それをまとめたものが、『近代日中学術用語の形成と伝播――地理学用語を中心に』（白帝社、一九九七）、『日中漢語の生成と交流・受容』（白帝社、二〇一八）である。前者は『毎日新聞』をはじめ多くの方が書評を書いてくださったが、『国語学』『地理学評論』『地学雑誌』という三つの学術誌に書評が載ったこともうれしかった。この本が扱う内容が学際的なものであったからである。これは「熱帯」をはじめとする地理学用語を一〇年にわたって追いかけたものだが、その過程は自分でもとても楽しいものだった。一つのテーマが解決すると別のテーマが見えてくる。それを一〇年にわたって楽しませてもらったのである。後者の「空気」もそうで、日中韓の研究会で、資料を加えつつ何度も発表した。よく「気」が抜けなかったものである。

本書では、この二書と先の三冊の『中国語を歩く』で書いた内容、さらに現在も連載中の話も交え、ほとんど一気に書き下ろした。実をいうと、本書がこのような形になったのは、ひとえに河内卓氏のおかげである。河内氏はわたしのよさを生かしながら、一般読者に読んでもらうには、どのようなことを書き、いかなる書き方をしなければならないかを細かくコメントしてくれた。これは本当にありがたいことだった。わたしとしては、読者にも楽しんで読んでいただけることを願ってやまない。

タイトルは『漢語の謎』。これは別に受けをねらったわけではない。わたし自身つねに中国語と日本語に対する疑問、謎を解きながらやってきたことを表している。その謎解きを読者にも味わっていただければという気持ちからである。

河内氏の依頼を受けてからほぼ一年。実はわたしはこの三月に、四三年奉職した愛知大学を退職する。したがって、本書はわたしの「退職論文」とでもいうべきものである。おりしも、校正の過程はゼミの学生の卒業論文添削と重なり、夜は読書をして早く寝るわたしも、何日か「夜なべ」をすることになった。産みの苦しみ（楽しみ？）を共有してくれた学生たちにも感謝したい。

二〇二〇年一月

荒川清秀

参考文献

日本語文献（本書中で引用したものを中心にした）
阿辻哲次（二〇〇四）『部首のはなし』中公新書
荒川清秀（一九八七）「訳語「熱帯」の起源をめぐって」『日本語学』二月号、明治書院
同（一九九七）『近代日中学術用語の形成と伝播』白帝社
同（一九九八a）「漢字の意味の歴史性――「盆地」考」『學鐙』九五‐三、丸善出版
同（一九九八b）「ことばの行方を追う」『しにか』五月号、大修館書店
同（二〇〇〇）「「健康」の語源をめぐって」『文学・語学』第一六六号、全国大学国語国文学会
同（二〇〇五）「「空気」語源考」『香坂順一先生追悼記念論文集』光生館
同（二〇〇九）『中国語を歩く』東方選書
同（二〇一四a）『中国語を歩く〈パート2〉』東方選書
同（二〇一四b）「伝染病医院」『東方』四〇三号（二〇一四年九月号）、東方書店
同（二〇一四c）「〝電気〟が〝電〟になるまで」『東方』四〇四号（二〇一四年一〇月号）、東方書店
同（二〇一八a）『日中漢語の生成と交流・受容』白帝社
同（二〇一八b）『中国語を歩く〈パート3〉』東方選書
鮎澤信太郎（一九四四）『日本文化史上に於ける利瑪竇の世界地図』龍文書局
石井研堂（一九四四）『増補改訂　明治事物起源』（一九六九年復刻版）日本評論社

一海知義（一九八一）『漢語の知識』岩波ジュニア新書
岩槻純一（二〇〇五）「近代ベトナムにおける「漢字」の問題」村田・ラマール編『漢字圏の近代』東京大学出版会
岩田修二（二〇〇〇）「「氷河」という訳語の由来」『雪氷』六二−二、日本雪氷学会
歌代勤・清水大吉郎・高橋正夫（一九七八）『地学の語源をさぐる』東京書籍
織田武雄・室賀信夫・海野一隆（一九七五）『日本古地図大成　世界図編』講談社
大庭脩編著（一九六七）『江戸時代における唐船持渡書の研究』関西大学東西学術研究所
大庭脩（一九九七）『漢籍輸入の文化史』研文出版
大庭景利・安田雄平（一九九二）『現代語訳「民間格致問答」』葦書房
影山夙（一九九九）『自動車「進化」の軌跡』山海堂
河辺浩（一九七七）「漢語『電池』の考証」『言語生活』三〇六号、筑摩書房
韓虎林（一九九九）『漢字で覚えるしっぽをつかむ韓国語』インターブックス
北澤一利（二〇〇〇）『「健康」の日本史』平凡社新書
今野真二（二〇一八）『「日本国語大辞典」をよむ』三省堂
斎藤静（一九六七）『日本語に及ぼしたオランダ語の影響』篠崎書林
斎藤毅（一九七七）『明治のことば』講談社
西園寺一晃（一九七一）『青春の北京』中央公論社
佐藤喜代治（一九七一）『国語語彙の歴史的研究』明治書院
同　　（一九七九）『日本の漢語』角川書店

佐藤亨（一九八三）『近世語彙の研究』桜楓社
同　（二〇〇七）『現代に生きる幕末・明治初期漢語辞典』明治書院
さねとう・けいしゅう（実藤恵秀）（一九六〇）「日本語彙の中国語文へのとけこみ」『中国人日本留学史』くろしお出版
塩田正平（一九九六）「百葉箱の呼び名について」『気象』七月号、気象学会
清水大吉郎（一九九六）『古典にみる地学の歴史』東海大学出版会
シュベル、マレク（一九九九）『割礼の歴史』盛弘仁・盛恵子訳、明石書店
朱鳳（二〇〇九）『モリソンの「華英・英華字典」と東西文化交流』白帝社
杉浦守邦（一九九七）「『健康』という語の創始者について」『日本医師学雑誌』第四三巻二号
杉本つとむ（二〇一五）『江戸時代翻訳語の世界』八坂書房
鈴木修次（一九八一）『文明のことば』文化評論出版
高橋俊昭（二〇〇八）『英学の時代』学術出版会
高島俊男（二〇一三）『漢字雑談』講談社現代新書
中日韓三国合作秘書処（二〇一八）『中日韓共用漢字詞典』中日韓三国合作秘書処
鄭高咏（二〇〇五）『中国の十二支動物誌』白帝社
鄭大均（二〇〇三）『韓国のナショナリズム』岩波現代文庫
藤堂明保（一九六九）『漢語と日本語』秀英出版
中川正之（二〇〇五）『漢語からみえる世界と世間』岩波書店
中村元（一九六八）『インド思想史』岩波全書

那須雅之（一九九五）「Lobscheid 小伝」『愛知大学文学論叢』第一〇九輯、愛知大学文学會
同（一九九七）「LOBSCHEID の《英華字典》について――書誌学的研究（一）」『愛知大学文学論叢』第一一四輯、愛知大学文学會
同（一九九八）「ロプシャイト略伝」上・中・下『しにか』一九九八年一〇～一二月号、大修館書店
日蘭学会（一九八四）『洋学史事典』雄松堂出版
狭間直樹（二〇一四）『梁啓超』岩波現代全書
橋本萬太郎（一九七八）『言語類型地理論』弘文堂選書
広田栄太郎（一九六九）『近代訳語考』東京堂出版
古田東朔（二〇一二）『古田東朔 近現代 日本語生成史コレクション 江戸から東京へ――国語史1』くろしお出版
古橋ふみ子（二〇一四）「〝勉強〟の意味の変遷と日本語への影響」『愛知論叢』第九六号、愛知大学大学院院生協議会
前野直彬（一九六八）『漢文入門』講談社現代新書
堀孝彦・遠藤智夫（一九九九）『『英和対訳袖珍辞書』の遍歴』辞游社
松田清（二〇〇三）「江戸時代船載蘭書にみる空気銃」『江戸時代の科学技術』彦根市立長浜城歴史博物館
三浦國雄（一九九五）「翻訳語と中国思想――『哲学字彙』を読む」『人文研究』第四七巻三号
三宅泰雄（一九六二）『空気の発見』角川文庫
宮田和子（二〇一〇）『英華辞典の総合的研究』白帝社

村上陽一郎（一九七一）『西欧近代科学』新曜社
森岡健二（一九六九）『近代語の成立　語彙編』（一九九一年改訂版）明治書院
八木保（二〇〇一）「「健康」という語の起源とその流布について」『保健の科学』第四三巻八号、杏林書房
八木保・中森一郎（一九九八）「用語「健康」の由来を求めて」『保健の科学』第四〇巻一〇号、杏林書房
同　（一九九九）「用語「健康」の由来を求めて（第二報）」『保健の科学』第四一巻八号、杏林書房
矢津昌永（一八八九）『日本地文学』丸善商社
八耳俊文（一九九二）「漢訳西学書『博物通書』と「電気」の定着」『青山學院短期大學紀要』第四六輯、青山學院大學
同　（一九九五）「清末期西人著訳科学関係中国書および和刻本所在目録」『化学史研究』第二二巻第四号、化学史学会
同　（一九九八）「アヘン戦争以後の漢訳西洋科学書の成立と日本への影響」『日中文化交流史叢書〔八〕科学技術』大修館書店
山上万次郎（一八九五）『地学字彙　英独和之部』（『地学雑誌』七−七五付録）、東京地学協会
吉野政治（二〇一五）『蘭書訳述語攷叢』和泉書院
吉田忠（一九八八）『イエズス会士関係著訳書の基礎的研究』昭和六二年度科研報告書
吉田忠・李廷挙（一九九八）『日中文化交流史叢書〔八〕科学技術』大修館書店
柳父章（一九七六）『翻訳とはなにか——日本語と翻訳文化』法政大学出版局

劉建輝（二〇〇三）「近代植民地と文化――遼東半島の場合」『東アジアと『半島空間』――山東半島と遼東半島』思文閣出版

中国語文献

王力（一九五八）『漢語史稿』下、科学出版社
高明凱等（一九五六）『漢語外来詞詞典』上海辞書出版社
呉志偉（二〇一二）『上海租界研究』学林出版社
彭文祖（一九一五）『盲人瞎馬之新名詞』秀光舎
馬西尼（一九九三）『現代漢語詞彙的形成』漢語大詞典出版社
容閎（一九一五）『西学東漸記』
劉昭民（一九八五）『中国地質学史』台湾商務印書館
汪維輝（二〇〇〇）『東漢――隋常用詞演変研究』南京大学出版社

ちくま新書
1478

漢語《かんご》の謎《なぞ》
――日本語《にほんご》と中国語《ちゅうごくご》のあいだ

二〇二〇年二月一〇日　第一刷発行

著　者　荒川清秀（あらかわ・きよひで）
発行者　喜入冬子
発行所　株式会社 筑摩書房
東京都台東区蔵前二-五-三　郵便番号一一一-八七五五
電話番号〇三-五六八七-二六〇一（代表）
装幀者　間村俊一
印刷・製本　株式会社 精興社

ISBN978-4-480-07285-6 C0281